ADIM ADIM
kekler

ALFA®

ADIM ADIM
kekler

Caroline Bretherton

ALFA®

ALFA | 2354 • YEMEK KÜLTÜRÜ | 55
ISBN 978-605-106-589-2
1. Basım: 2013
2. Basım: 2013

Yayıncı ve Genel Yayın Yönetmeni Faruk Bayrak
Genel Müdür Vedat Bayrak
Yayın Yönetmeni Mustafa Küpüşoğlu
Çeviri Emel Lakşe
Grafik Uygulama Kâmuran Ok

Alfa Basım Yayım Dağıtım San. ve Tic. Ltd. Şti.
Ticarethane Sokak No: 53 34410
Cağaloğlu, İstanbul/Türkiye
Tel: (0212) 511 53 03-513 87 51-512 30 46
Faks: (0212) 519 33 00
Sertifika no: 10905
www.alfakitap.com - info@alfakitap.com

LONDON, NEW YORK,
MUNICH, MELBOURNE, DELHI

Editör Asistanı David Fentiman
Editör Alastair Laing
Proje Sanat Editörü Kathryn Wilding
Sanat Yönetmeni Sara Robin
İdari Editör Dawn Henderson
İdari Sanat Editörü Christine Keilty
Kapak Nicola Powling
Üretim Editörü Siu Chan
Üretim Denetmeni Claire Pearson
Yaratıcı Teknik Destek Sonia Charbonnier
Fotoğraflar Howard Shooter, Michael Hart

Birinci basım: İngiltere 2012
Dorling Kindersley Limited
80 Strand, London WC2R 0RL

Penguin Group (İngiltere)

Baskı ve cilt: South China Printing Company Limited

Printed in China

İçindekiler

Çikolatakolik

Üç Katlı Çikolatalı Pasta
sayfa 42
15 DAK 30–35 DAK

Çikolatalı ve Fındıklı Brownie
sayfa 182
25 DAK 12–15 DAK

Çikolatalı ve Brezilya Cevizli Kek sayfa 38
25 DAK 45–50 DAK

Kuru Erik ve Çikolatalı Tatlı
sayfa 70
30 DAK 40–45 DAK

Çikolatalı Kek
sayfa 40
30 DAK 20–25 DAK

Karaorman Pastası
sayfa 80
55 DAK 40 DAK

Armutlu ve Çikolatalı Pasta
sayfa 43
15 DAK 30 DAK

Vişneli ve Çikolatalı Brownie
sayfa 186
15 DAK 20–25 DAK

Çikolata Soslu Kek
sayfa 46

40 DAK 30 DAK

Fırında Çikolatalı Mus
sayfa 48

20 DAK 1 SAAT

Çikolatalı Amaretti'li Rulo
sayfa 78

25-30 DAK 20 DAK

Çikolatalı Kestaneli Rulo
sayfa 76

50-55 DAK 5-7 DAK

Çikolatalı Kap Kekler
sayfa 100

20 DAK 20–25 DAK

Çikolata Şekerlemeli Kek Topları sayfa 104

35 DAK 25 DAK

Çikolatalı Fondanlar
sayfa 114

20 DAK 5–15 DAK

Çikolatalı Milföy
sayfa 92

2 SAAT 25–30 DAK

Biraz da meyvelenin

Yabanmersinli Tersyüz Kek
sayfa 56
15 DAK 40 DAK

Vişneli Bademli Kek
sayfa 57
20 DAK 1½–1¾ SAAT

Kirazlı Tava Keki
sayfa 180
15 DAK 25 DAK

Zengin Meyveli Kek
sayfa 66
25 DAK 2½ SAAT

Hafif Meyveli Kek
sayfa 71
25 DAK 1¾ SAAT

Erikli Tatlı
sayfa 72
45 DAK 8–10 SAAT

Beyaz Pasta
sayfa 20
30 DAK 35–45 DAK

Ahududulu Kremalı Ceneviz Keki sayfa 22
30 DAK 25–30 DAK

Limonlu Polentalı Kek
sayfa 36
30 DAK 50–60 DAK

Limonlu ve Yabanmersinli Muffinler
sayfa 116
20–25 DAK 15–20 DAK

Elmalı Alman Keki
sayfa 50
30 DAK 45–50 DAK

Erikli Bavyera Keki
sayfa 58
35–40 DAK 50–55 DAK

Muz Ekmeği
sayfa 60
20–25 DAK 35–40 DAK

Ahududulu Kremalı Bezeler
sayfa 134
10 DAK 1 HOUR

Yaz Meyveli Milföy
sayfa 93
2 SAAT 25-30 DAK

Çilekli ve Kremalı Makaronlar
sayfa 158
30 DAK 18–20 DAK

Çilekli Hamurlar
sayfa 125
15–20 DAK 12–15 DAK

Çocuklar İçin

Vanilya Kremalı Kap Kekler
sayfa 96
20 DAK 20–25 DAK

Fondanlı Fanteziler
sayfa 102
20–25 DAK 25 DAK

Zencefil Adamlar
sayfa 148
20 DAK 10–12 DAK

Şişko Paylar sayfa 108
40 DAK 12 DAK

Çilekli ve Kremalı Şişko Paylar
sayfa 113
40 DAK 12 DAK

Elmalı Muffinler
sayfa 119
10 DAK 20–25 DAK

Fındıklı, Kuru Üzümlü Yulaf Kurabiyeleri sayfa 140
20 DAK 10–15 DAK

Beyaz Çikolatalı ve Macadamia Fındıklı Kurabiyeler sayfa 143
25 DAK 10–15 DAK

Baharatlı Havuçlu Kek
sayfa 33
20 DAK 30 DAK

Çikolatalı Kap Kekler
sayfa 100
20 DAK 20–25 DAK

Hızlı ve Güzel

Şekerli Çörekler
sayfa 120
15–20 DAK | 10 DAK

Galler Kekleri
sayfa 126
20 DAK | 16–24 DAK

Baharatlı İsveç Bisküvileri
sayfa 150
20 DAK | 10 DAK

Canestrelli
sayfa 152
20 DAK | 15–20 DAK

İsviçre Rulosu
sayfa 24
20 DAK | 12–15 DAK

Antepfıstıklı ve Yabanmersinli Yulaflı Kurabiye sayfa 142
20 DAK | 10–15 DAK

Makaronlar
sayfa 154
10 DAK | 12–15 DAK

Tarçınlı Yıldızlar
sayfa 151
20 DAK | 12–15 DAK

Çikolatalı Fondanlar
sayfa 114
20 DAK | 5–15 DAK

Çikolatalı Muffinler
sayfa 118
10 DAK | 15 DAK

gündelik kekler

Victoria Pandispanyası

Muhtemelen en simgesel İngiliz keki, iyi bir Victoria pandispanyası güzel kabarmış, nemli ve açık renk olmalıdır.

6-8 KİŞİLİK | 30 DAK | 20-25 DAK | 4 HAFTA, İÇSİZ

Özel Gereçler

2 adet 18cm'lik yuvarlak kek kalıbı

Malzemeler

175 gr tuzsuz tereyağı, yumuşatılmış. Ayrıca biraz da yağlamak için.
175 gr toz şeker
3 yumurta
1 çay kaşığı vanilya esansı
175 gr kendi kabaran un
1 çay kaşığı kabartma tozu

İçi için

50 gr tuzsuz tereyağı, yumuşatılmış
100 gr pudra şekeri. Ayrıca biraz da servis için
1 çay kaşığı vanilya esansı
115 gr kaliteli, çekirdeksiz ahududu reçeli

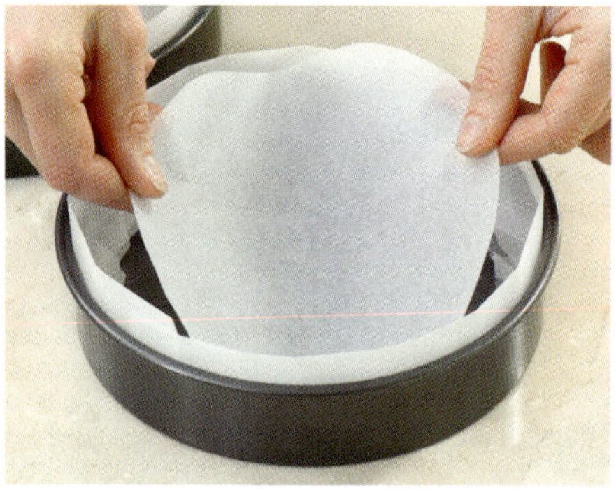

1 Fırınınızı önceden 180°C'ye ısıtın. Kalıplarınızı yağlayın ve parşömen kâğıdı serin.

2 Tereyağı ve şekeri bir kâsede, 2 dakika veya karışım beyaz, hafif ve kabarık olana dek çırpın.

3 Yumurtaları teker teker kırarak ekleyin, pütürlenmemesi için aralarda karıştırın.

4 Vanilya esansını ekleyin ve hamura iyice karışana kadar azıcık çırpın.

5 Karışımı 2 dakika daha, yüzeyde kabarcıklar oluşana dek çırpın.

6 Unu ve kabartma tozunu eleyerek karışıma ekleyin.

7 Metal bir kaşıkla pürüzsüz olana dek unu yedirin; karışımın hafifliğini bozmamaya çalışın.

8 Karışımı eşit şekilde iki kalıba dökün ve üzerlerini bir spatulayla düzeltin.

9 20-25 dakika veya esmerleşene kadar pişirin; dokunduğunuzda esnek olmalıdır.

10 Pandispanyalarınızı içlerine bir şiş batırarak kontrol edin. Şiş temiz çıkarsa kekler pişmiştir.

11 Birkaç dakika kalıpta bırakın. Düzgün tarafı üstte kalacak şekilde çevirip soğumaya bırakın.

12 İçi için tereyağını, pudra şekerini ve vanilya esansını pürüzsüz hale gelene dek çırpın.

13 Tereyağı kremasını soğumuş pandispanyanın düz yüzeyine spatulayla eşit biçimde sürün.

14 Bir sofra bıçağı kullanarak en üste dikkatlice ahududu reçelini yayın.

15 Tepesine ikinci pandispanyayı yerleştirin. Üzerine elenmiş pudra şekeri serpip servis edin.

SAKLAMA Doldurulmuş kek hava geçirmez bir kapta ve serin yerde 2 gün dayanır.
ÖNCEDEN HAZIRLAMA Doldurulmamış pandispanyalar 3 güne kadar tazeliğini korur.

Victoria Pandispanyası Çeşitleri

Kahveli ve Cevizli Kek

Bir dilim kahveli ve cevizli kek, sabah kahveniz için enfes bir eşlikçidir. Bu tarifte kek, daha kalın ve etkili olması için klasik Victoria pandispanyasından daha küçük kalıplarda pişirilir.

8 KİŞİLİK | 20 DAK | 20–25 DAK | 8 HAFTA, İÇSİZ

Özel gereçler

2 adet 17 cm'lik yuvarlak kek kalıbı

Malzemeler

175 gr tuzsuz tereyağı, yumuşatılmış. Ayrıca biraz da yağlamak için.
175 gr light esmer şeker
3 yumurta
1 çay kaşığı vanilya esansı
175 gr kendi kabaran un
1 çay kaşığı kabartma tozu
1 yemek kaşığı sert toz kahve, 2 yemek kaşığı kaynar su ile karıştırılıp soğutulmuş

Kreması için

100 gr tereyağı, yumuşatılmış
200 gr pudra şekeri
9 adet ceviz yarısı

Yapılışı

1 Fırınınızı önceden 180°C'ye ısıtın. Kalıpları yağlayıp içlerine parşömen döşeyin. Tereyağı ile şekeri bir kâsede mikserle, hafif ve kabarık hale gelene dek karıştırın.

2 Yumurtaları, aralarda iyice çırparak karışımın içine teker teker kırın. Vanilyayı da ekleyip 2 dakika daha, yüzeyde kabarcıklar oluşuncaya dek çırpın. Unu ve kabartma tozunu da içine eleyin.

3 Unu ve ardından kahveli karışımın yarısını nazikçe yedirin. Hamuru kalıplar arasında eşit biçimde paylaştırın ve üzerlerini bir spatulayla düzeltin.

4 20-25 dakika ya da esmerleşip dokunulduğunda esnek hale gelene kadar pişirin. İçine bir şiş batırarak kontrol edin. Eğer şiş temiz çıkarsa kekler pişmiştir. Birkaç dakika dinlendirip ızgara tel üzerine çıkarın.

5 İçini hazırlamak için tereyağı ve pudra şekerini pürüzsüz olana dek çırpın. Kalan kahveli karışımı ekleyin. Tereyağı kremasını keklerden birinin düz yüzeyine düzgünce sürün. Diğer keki üzerine kapatıp kalan kremayı da sürün. Ceviz yarılarıyla süsleyin.

SAKLAMA Kekiniz hava geçirmez bir kapta, serin yerde 3 gün dayanır.

Madeira Keki

Bu basit kekin içinde limon ve tereyağı tatları öne çıkıyor.

8-10 KİŞİLİK | 20 DAK | 50-60 DAK | 8 HAFTA EN FAZLA

Özel gereçler
18 cm'lik yuvarlak altı çıkabilen kek kalıbı

Malzemeler
175 gr tuzsuz tereyağı, yumuşatılmış. Ayrıca biraz da yağlamak için.
175 gr toz şeker
3 yumurta
225 gr kendi kabaran un
1 limonun incecik rendelenmiş kabuğu

Yapılışı

1 Fırınınızı önceden 180°C'ye ısıtın. Kek kalıbını yağlayın, tabanına ve kenarlarına parşömen kâğıdı serin.

2 Tereyağı ve şekeri kabarana dek mikserle 2 dakika çırpın. Aralarda iyice karıştırarak yumurtaları teker teker kırın.

3 Yüzeyde kabarcıklar oluşana dek 2 dakika daha çırpın. Elenmiş unu ve limon kabuğunu ekleyin. Pürüzsüz hale gelene dek karıştırın.

4 Karışımı kalıba dökün. 50 dakika-1 saat kadar veya batırdığınız şiş temiz çıkana dek pişirin. Keki birkaç dakika kalıpta dinlendirin ve sonra ızgara tel üzerine çıkarıp soğutun. Parşömeni çıkarın.

SAKLAMA Kekiniz hava geçirmez bir kapta 3 gün dayanır.

FIRINCIDAN İPUCU

Güzel, hafif bir Victoria pandispanyasının sırrı un eklendikten sonra olabildiğince az hava kaybıdır. Tereyağı daha zengin bir tat veriyorsa da eğer daha hafif bir pandispanya istiyorsanız, yüksek oranda su içermesi nedeniyle havanın pişerken kekin içinde kalmasını sağlayan pasta margarini kullanabilirsiniz.

Mermer Keki

Klasik pandispanya hamurunu, biraz değişiklik yaparak ikiye bölün ve bir yarısına kakao ekleyerek birlikte harika bir mermer görünümü yaratmalarını sağlayın.

8-10 KİŞİLİK | 25 DAK | 45-50 DAK | 8 HAFTA EN FAZLA

Özel gereçler
900 gr'lık ekmek kalıbı

Malzemeler
175 gr tuzsuz tereyağı, yumuşatılmış. Ayrıca biraz da yağlamak için.
175 gr toz şeker
3 yumurta
1 çay kaşığı vanilya esansı
150 gr kendi kabaran un
1 çay kaşığı kabartma tozu
25 gr toz kakao

Yapılışı

1 Fırınınızı önceden 180°C'de ısıtın. Ekmek kalıbını yağlayın ve tabanına fırın parşömeni serin.

2 Tereyağı ve şekeri kabarana dek, 2 dakika kadar mikserle orta hızda çırpın. Aralarda iyice karıştırarak yumurtaları teker teker kırın. Vanilya esansını ekleyip yüzeyde kabarcıklar oluşana dek, 2 dakika daha çırpın. Unu ve kabartma tozunu eleyin.

3 Hamuru eşit olarak iki kâseye bölüştürün. Bir kâseye kakaoyu eleyin ve dikkatlice karıştırın. Ekmek kalıbına önce vanilyalı kek hamurunu boşaltın, üzerine de kakaolu hamuru dökün. Tahta bir kaşığın sapı, bir bıçak ya da şişi hamurun içinde döndürerek mermer görünümü almasını sağlayın.

4 45-50 dakika ya da şiş hamurdan temiz çıkana dek pişirin. Hafifçe soğumaya bırakın, sonra ızgara tele alın. Parşömeni çıkarın.

SAKLAMA Kekiniz hava geçirmez bir kapta 3 gün dayanır.

Beyaz Pasta

Bir Amerikan klasiği olan bu pastanın adı, hava kadar hafif ve neredeyse bembeyaz pandispanyasından gelir. Yağsızdır, yapıldığı gün tüketilmelidir.

8-12 KİŞİLİK | 30 DAK | 35-45 DAK

Özel Gereçler
1.7 litrelik ortası delik kek kalıbı
Şeker termometresi

Malzemeler
Kabı yağlamak için büyükçe bir parça tereyağı
150 gr sade un
100 gr pudra şekeri
8 yumurta akı (sarılarını saklayıp kremalarda veya tartların dolgu malzemesinde kullanabilirsiniz)
Bir tutam krem tartar
250 gr toz şeker
Birkaç damla badem veya vanilya esansı

Kaplaması için
150 gr toz şeker
2 yumurta akı
Süslemek için çilek (ikiye kesilmiş), yaban mersini, ahududu
Pudra şekeri, üzerine serpmek için

Yapılışı

1 Fırınınızı 180°C'ye ısıtın. Tereyağını küçük bir tencerede eritin ve kek kalıbını bolca yağlayın. Unu ve pudra şekerini bir kâseye eleyin (Fırıncıdan İpucu'na bkz.).

2 Yumurta aklarını ve krem tartarı katılaşana kadar çırpıp içine toz şekeri birer yemek kaşığı şeklinde ekleyin. Karışımın içine unu eleyin ve metal bir kaşıkla yavaşça karıştırın. Daha sonra badem veya vanilya esansını koyun.

3 Karışımı kek kalıbı ağzına kadar dolacak şekilde dikkatlice boşaltın, üzerini bir spatulayla düzeltin. Kalıbı bir fırın tepsisinin üzerine yerleştirip 35-45 dakika ya da dokunduğunuzda sertleşinceye dek pişirin.

4 Keki dikkatlice fırından alın ve kalıbı ızgara telinin üzerinde ters çevirin. Keki soğumaya bırakın ve sonra keki kalıptan çıkarın.

5 Kaplamasını yapmak için toz şekeri 4 yemek kaşığı suyla bir tencereye koyun. Şeker eriyene dek karıştırarak hafif ateşte ısıtın. Şurup kıvama gelinceye (114-118°C) veya bir damla şurup çok soğuk suya damlatıldığında yumuşak bir topçuk oluşturuncaya dek kaynatın.

6 Bu sırada yumurta aklarını katılaşıncaya kadar çırpın. Şurup doğru ısıya ulaşınca tencerenin tabanını soğuk suya oturtarak şurubun daha fazla ısınmasını önleyin. Şurubu yumurta aklarının içine, kâsenin merkezine doğru yavaş ama sürekli karıştırarak dökün. 5 dakika, sivri tepecikler oluşana dek çırpın.

7 Kaplama sertleşeceği için hızlı çalışarak kekin içine ve dışına ince bir tabaka halinde sürün. Kekin dışına bir spatulayla dalgalı biçim verin. Üzerini çilek, yaban mersini ve ahududu ile süsleyip en üste ince bir elek kullanarak pudra şekerini serpin.

FIRINCIDAN İPUCU

Unu iki kez elerseniz çok hafif bir kek elde edersiniz. En iyi sonucu almak için, eleği kâsenin epey yukarısında tutun ki un aşağıya düşerken mümkün olduğu kadar çok havayla temas etsin. Daha da hafif bir kek istiyorsanız unu, önce iki kez eleyip yumurtalı karışıma eklerken bir kez daha eleyin.

Ahududulu ve Kremalı Ceneviz Keki

Etkileyici bir tatlı olmanın yanı sıra güneşli bir yaz günü, ikindi çayı sofrasında mükemmel bir orta süsü yerine de geçebilir.

8-10 KİŞİLİK | 30 DAK | 25-30 DAK | 4 HAFTA, İÇSİZ

Özel gereçler
20 cm'lik yuvarlak, kelepçeli kek kalıbı

Malzemeler
40 gr tuzsuz tereyağı, yumuşatılmış. Ayrıca biraz da yağlamak için
4 büyük yumurta
125 gr toz şeker
125 gr sade un
1 çay kaşığı vanilya esansı
1 limonun ince rendelenmiş kabuğu
Süslemek için 75 gr ahududu (arzuya bağlı)

İçi için
450 ml yağlı krema veya krem şanti
325 gr ahududu
1 yemek kaşığı pudra şekeri. Ayrıca biraz da üzerine serpmek için

Yapılışı

1 Tereyağını eritip bekletin. Fırınınızı önceden 180°C'ye ısıtın. Kek kalıbını yağlayıp tabanına parşömen kâğıdı döşeyin.

2 Bir tencerede su kaynatın, ateşten alın ve üzerine ısıya dayanıklı bir kap yerleştirin. Yumurta ve şekeri ekleyip mikserle 5 dakika, mikseri kaldırdığınızda iz bırakıncaya dek çırpın. Karışım ilk halinin 5 katı hacme ulaşmış olmalıdır. Kabı tencerenin üzerinden alın ve soğuması için 1 dakika daha çırpın.

3 Unu eleyip dikkatlice karışıma ekleyin. Vanilya, limon kabuğu ve erimiş tereyağını da karıştırın.

4 Karışımı kalıba döküp üstü esnekleşene veya açık kahverengiye dönüşene kadar, 25-30 dakika kadar pişirin. Kekin ortasına batırılan bir şiş temiz çıkmalıdır.

5 Keki kalıbının içinde birkaç dakika soğumaya bırakın, sonra ızgara teline ters çevirin ve tamamen soğumasını bekleyin. Parşömeni çıkarın.

6 Kek soğuyunca tırtıllı bir ekmek bıçağıyla enine doğru üç eşit parçaya kesin.

7 Kremayı büyük bir kâsede sertleşinceye kadar çırpın. Ahududuları pudra şekeriyle hafifçe ezin ve kremaya karıştırın. Kremanın fazla sulanmaması için meyvelerin suyunun kalmamasına dikkat edin.

8 Kekin alt dilimini bir servis tabağına alıp kremalı karışımın yarısını üzerine sürün. İkinci dilimi yerleştirip kalan kremayı da sürün ve son dilimi en üste koyun. Arzuya göre ahududularla süsleyin ve pudra şekeri serpin. Hemen servis edin.

ÖNCEDEN HAZIRLAMA Pandispanya kesilip kremalanmadan önce, hava geçirmez bir kapta 1 gün dayanır.

FIRINCIDAN İPUCU

Bu, tat vermesi için yalnızca çok az erimiş tereyağı kullanılan klasik bir İtalyan kekidir. Bu kekler, sonsuz şekilde kullanılabilir ve istediğiniz her malzemeyle doldurulabilirler ama içlerinde yağ olmadığı için diğer kekler kadar dayanıklı olmadıklarından en çok 24 saat içinde tüketilmelidirler.

İsviçre Rulosu

İsviçre Rulosu'nu yuvarlamanın bir püf noktası vardır – bu basit adımları takip ederek siz de mükemmel bir rulo yapabilirsiniz.

8-10 KİŞİLİK | 20 DAK | 12-15 DAK | 8 HAFTA KADAR

Özel gereçler
32,5 x 23 cm İsviçre rulosu kalıbı

Malzemeler
3 büyük yumurta
100 gr toz şeker. Ayrıca biraz da üzerine serpmek için.
Bir tutam tuz
75 gr kendi kabaran un
1 çay kaşığı vanilya esansı
6 yemek kaşığı ahududu reçeli (veya içini doldurmak için herhangi bir çeşit reçel ya da çikolatalı fındık kreması)

1 Fırınınızı önceden 200°C'ye ısıtın. Kalıbın tabanına fırın parşömeni serin.

2 İçinde su kaynayan bir tencerenin üzerine bir kâse yerleştirin; tabanı suya değmemelidir.

3 Yumurtaları, şekeri ve tuzu ekleyip koyulaşana dek 5 dakika mikserle çırpın.

4 Karışımı kontrol edin: Çırpıcılardan süzülen damlalar birkaç saniye yüzeyde kalmalıdır.

5 Kâseyi tencerenin üzerinden alın, tezgâha koyun. Soğuyuncaya kadar 1-2 dakika çırpın.

6 Unu eleyin, vanilya esansı ile birlikte yavaşça ekleyin, hacmini korumaya dikkat edin.

7 Kalıba dökün, köşelere kadar dikkatle yayıp üzerini spatulayla düzeltin.

8 Isıtılmış fırında, dokunulduğunda esnek ve katı olana dek 12-15 dakika pişirin.

9 Kek kenarlarından ayrıldığında hazır demektir.

10 Bir tabaka parşömene ince bir kat toz şeker serpin.

11 İsviçre rulonuzu kalıbından dikkatlice toz şekerin üzerine ters çevirin.

12 5 dakika soğumaya bırakın, sonra parşömeni kekten dikkatlice ayırın.

13 İçine sürmek için, reçel fazla koyu ise küçük bir tencerede biraz ısıtın.

14 Reçeli kekin üzerine sürün, bir spatulayla kenarlarına kadar yayılmasını sağlayın.

15 Bir bıçağın tersiyle kısa kenarlardan birinin kenarından 2 cm içerden bir girinti yapın.

16 Parşömeni kullanarak, girinti yaptığınız kenardan başlayıp nazikçe ama sıkıca yuvarlayın.

17 Kekin sıkıca sarılı ve şekilli durmasını sağlamak için fırın parşömenini kullanın.

18 Servise hazır olduğunda keki kâğıttan çıkarın ve bir servis tabağına yerleştirip üzerine toz şeker serpin. **SAKLAMA** Rulo hava geçirmez bir kapta 2 gün dayanır.

İsviçre Rulosu çeşitleri

Portakal ve Antepfıstıklı İsviçre Rulosu

Antepfıstıkları ve portakal çiçeği suyunun lezzetli tatlarını kullanarak bu klasik tarife biraz daha modern bir dokunuş katabilirsiniz. Kolay paylaştırıldığından büyük partiler ve açık büfeler için ideal bir tatlıdır.

8 KİŞİLİK | 20 DAK | 15 DAK | 8 HAFTA İÇSİZ

Özel gereçler

32.5 x 23 cm İsviçre rulosu kalıbı

Malzemeler

3 büyük yumurta
100 gr toz şeker. Ayrıca biraz da üzerine serpmek için
Bir tutam tuz
75 gr kendi kabaran un
2 portakalın ince rendelenmiş kabukları ve 3 yemek kaşığı portakal suyu
2 çay kaşığı portakal çiçeği suyu (arzuya bağlı)
200 ml yağlı krema
75 gr tuzsuz antepfıstığı, kıyılmış
Süslemek için pudra şekeri

Yapılışı

1 Fırınınızı 200°C'ye ısıtın. Kalıba fırın parşömeni serin. İçinde su kaynayan bir tencerenin üzerine bir kâse yerleştirin. Yumurtaları, şekeri ve tuzu koyulaşıp kremsi kıvama gelinceye dek 5 dakika mikserle çırpın.

2 Kâseyi tencerenin üzerinden alın ve ılınıncaya kadar 1-2 dakika daha çırpın. Unu eleyin, içine portakal kabuklarının yarısını ve 1 yemek kaşığı portakal suyunu ekleyin. Yavaşça ekleyin. Kalıba dökün ve sertleşinceye kadar 12-15 dakika pişirin.

3 Fırın parşömenine bir kat toz şeker serpin. Keki şekerin üzerine ters çevirin. 5 dakika soğumaya bırakın sonra parşömeni kekten ayırıp atın. Arzuya göre portakal çiçeği suyunu serpin.

4 Bir bıçağın tersiyle kısa kenarın 2 cm içinden bir girinti yapın. Bu girintiden başlayarak keki şekerli parşömenin etrafına sarın (bkz. Fırıncıdan İpucu). Soğumaya bırakın.

5 Kremayı çırpıp antepfıstıklarını ve sonra kalan portakal kabuklarını ve suyunu ekleyin. Keki açın kremayı eşit şekilde her yanına sürün. Tekrar rulo yapın ve kat yeri altta kalacak şekilde bir servis tabağına yerleştirin. Servisten hemen önce üzerine pudra şekeri serpin.

BUNU DA DENEYİN...

Portakal yerine **Limonlu İsviçre Rulosu** için kek karışımına limon kabuğu ve suyu ekleyip daha sonra 300 gr limon kaymağı ile doldurun.

FIRINCIDAN İPUCU

Eğer tarifinize göre İsviçre Rulosu'nun doldurulmadan önce tamamen soğumuş olması gerekiyorsa kekin hâlâ sıcakken şekillendirilmesi ve yeniden açılması gerekecektir. Keki yeni bir parşömen kâğıdının üzerinde yuvarlayın. Bu, katların birbirine yapışmasını önleyerek düzgün şekil almasını ve kolaylıkla açılmasını sağlayacaktır.

İspanyol Pandispanya Rulosu

Bu İspanyol usulü sofistike İsviçre Rulosu'nda, keskin limonlu bir pandispanya rulosu çikolata-rom karışımı bir sosla doldurularak dilimlenmek için sevimli bir spiral oluşturuyor. Akşam yemeği partileri için etkileyici bir tatlı.

8–10 KİŞİLİK | 40–45 DAK | 7–9 DAK | 8 HAFTA, İÇSİZ

Soğutma süresi

6 saat

Malzemeler

Kalıbı yağlamak için tereyağı
150 gr toz şeker
5 yumurta, ayrılmış
2 limonun ince rendelenmiş kabuğu
45 gr sade un, elenmiş
Bir tutam tuz
125 gr siyah çikolata, irikıyım parçalanmışş
175 ml yağlı krema
1 çay kaşığı toz tarçın
1 yemek kaşığı sert rom
60 gr pudra şekeri
Limon kabuğu şekerlemesi, servis için (arzuya bağlı)

Yapılışı

1 Fırınınızı önceden 220°C'ye ısıtın. Fırın tepsisini yağlayıp parşömen serin. 100 gr toz şekeri yumurta sarılarıyla ve limon kabuklarıyla karıştırın. Koyulaşana dek 3-5 dakika mikserle çırpın. Başka bir kâsede yumurta akları katılaşana dek çırpın. Kalan şekeri ekleyip parlak renk alana dek çırpın. Yumurta sarılı karışıma tuzu ekleyin, sonra elenmiş unu ve daha sonra yumurta aklarını karıştırın.

2 Karışımı fırın tepsisine döküp köşelerine kadar yayın. Fırının tabanına yakın, esmerleşene ve sertleşene dek 7-9 dakika pişirin.

3 Başka bir tepsiye tersyüz edip parşömeni çıkarın. Bir bıçak sırtıyla kısa kenarından 2 cm içerde bir girinti yapın. Bu girintiden başlayarak keki bir parşömenin etrafında yuvarlayın (bkz. Fırıncıdan İpucu). Soğumaya bırakın.

4 Ganaş için çikolatayı geniş bir kâseye koyun. Kremayı 1 çay kaşığı tarçın ekleyerek küçük bir tencerede neredeyse kaynayıncaya kadar ısıtın. Çikolatayı ekleyip eriyene dek karıştırın. Ilınmaya bırakıp sonra romu ekleyin. Ganaşı koyulaşıp kabarana dek 5-10 dakika mikserle çırpın.

5 Pudra şekerinin yarısını 1 çay kaşığı tarçınla karıştırın ve eleyerek bir parşömenin üzerine yayın. Keki şekerlenmiş kâğıdın üzerinde açın. Ganaşı sürüp dikkatlice yeniden rulo yapın ve parşömenle sarın. Sıkılaşana dek 6 saat soğutun. Keki açın, her iki kenarını keserek düzeltin, kalan pudra şekerini üzerine eleyin ve arzuya göre limon kabuğu şekerlemesi ile süsleyin.

Zencefilli Kek

Konserve zencefille tatlandırılan bu zengin ve ıslak zencefilli kek çok beğenilir ve bir haftaya kadar tazeliğini korur, elbette o zamana kadar bitmezse!

12 KİŞİLİK | 20 DAK | 35-45 DAK | 8 HAFTA KADAR

Özel gereçler

18 cm'lik kare kek kalıbı

Malzemeler

110 gr tuzsuz tereyağı, yumuşatılmış. Ayrıca yağlamak için.
225 gr şeker pekmezi
110 gr yumuşak esmer şeker
200 ml süt
Konserve zencefil kavanozundan 4 yemek kaşığı şurup
1 portakalın ince rendelenmiş kabuğu
225 gr kendi kabaran un
1 çay kaşığı karbonatlı soda
1 çay kaşığı karışık baharat
1 çay kaşığı tarçın
2 çay kaşığı toz zencefil
4 parça konserve kök zencefil, ince rendelenmiş ve 1 yemek kaşığı sade unla karıştırılmış
1 yumurta, hafifçe çırpılmış

Yapılışı

1 Fırınınızı önceden 170°C'ye ısıtın. Kek kalıbını yağlayıp tabanına fırın parşömeni serin.

2 Tereyağı, şeker pekmezi, şeker, süt ve zencefil şurubunu, tereyağı eriyene kadar bir tencerede hafifçe ısıtın. Portakal kabuklarını ekleyip 5 dakika soğumaya bırakın.

3 Büyük bir karıştırma kabına un, karbonatlı soda ve toz baharatları eleyin. Sıcak şurubu kuru malzemelerin üzerine boşaltın ve bir çırpma teli kullanarak iyice çırpın. Konserve zencefil ve yumurtayı ekleyin.

4 Hamuru kalıba dökün ve 35-45 dakika, kekin ortasına batırılan bir şiş temiz şekilde çıkana dek pişirin. Izgara bir tel üzerine tersyüz etmeden önce keki en az 1 saat kalıbında soğumaya bırakın. Servisten önce parşömeni çıkarın.

SAKLAMA Bu kek çok ıslaktır ve hava geçirmez bir kapta 1 haftaya kadar dayanır.

FIRINCIDAN İPUCU

Burada kullanılan şeker pekmezi ve esmer şeker uzun süre dayanan yoğun, ıslak bir kek elde etmenize neden olur. Eğer kekiniz zamanla biraz kurursa dilimleyip tereyağı sürerek kahvaltılık olarak kullanabilir hatta Tereyağlı Ekmek Pudingi'nin zengin bir çeşidine dönüştürebilirsiniz.

Havuçlu Kek

Daha gösterişli bir kek için iki kat krema kullanın, keki ikiye bölün ve ortasını iyice doldurun.

8–10 KİŞİLİK | 20 DAK | 45 DAK | 8 HAFTA, KAPLAMASIZ

Özel gereçler

22 cm'lik kelepçeli, yuvarlak kek kalıbı, kabuk soyucu

Malzemeler

100 gr ceviz
225 ml ayçiçeği yağı. Ayrıca biraz da yağlamak için
3 büyük yumurta
225 gr yumuşak light esmer şeker
1 çay kaşığı vanilya esansı
200 gr havuç, ince rendelenmiş
100 gr çekirdeksiz kuru üzüm
200 gr kendi kabaran un
75 gr kendi kabaran tam tahıllı un
Bir tutam tuz
1 çay kaşığı tarçın
1 çay kaşığı toz zencefil
¼ çay kaşığı ince rendelenmiş küçük hindistancevizi
1 portakalın ince rendelenmiş kabuğu

Kaplama için

50 gr tuzsuz tereyağı, yumuşatılmış
100 gr krem peynir, oda sıcaklığında
200 gr pudra şekeri
½ çay kaşığı vanilya esansı
2 portakal

1 Fırınınızı önceden 180°C'ye ısıtın, cevizleri 5 dakika, hafif esmerleşene kadar fırınlayın.

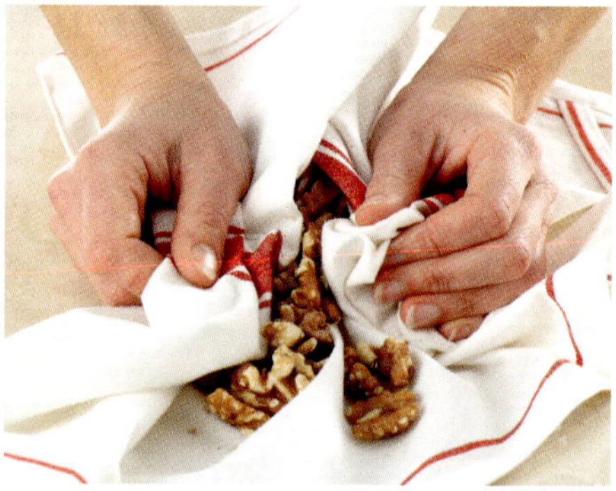

2 Cevizleri temiz bir beze alıp ovuşturarak fazla kabuklarını alın. Kenarda soğumaya bırakın.

3 Yağı ve yumurtaları geniş bir kâseye alarak içine şekeri ve vanilyayı ekleyin.

4 Mikser kullanarak yağlı karışımı hafifleyene ve fark edilir şekilde koyulaşana dek çırpın.

5 Rendelenmiş havucu temiz bir bezin içinde sıkarak fazla suyunu akıtın.

6 Havucu dikkatlice kek hamuruna karıştırın ve birbirlerine karıştıklarından emin olun.

7 Soğuyan cevizleri, içinde büyük parçalar da bırakarak kabaca kıyın.

8 Cevizleri, kuru üzümlerle birlikte karışıma ekleyin ve dikkatlice karıştırın.

9 İki tip unu eleyin, sonra elekte kalan kepekleri atın.

10 Tuzu, baharatları ve portakal kabuklarını ekleyip tüm malzemeleri birbirine karıştırın.

11 Kalıbı yağlayın ve parşömen döşeyin. Kek karışımını dökerek bir spatulayla düzeltin.

12 45 dakika fırınlayın. Keke şiş batırarak test edin, şiş temiz çıkmalıdır.

13 Eğer şiş temiz çıkmıyorsa biraz daha pişirip yeniden test edin. Izgara tel üzerine çıkarın.

14 Tereyağı, krem peynir, pudra şekeri ve vanilyayı karıştırıp içine 1 portakal kabuğu rendeleyin.

15 Mikser kullanarak tüm malzemeleri pürüzsüz, açık renk ve kabarık olana dek çırpın.

16 Bir spatula kullanarak kremanızı kekin üzerine sürün. Üzerinde spatulayla dalgalar yapın.

17 İlave süsleme için kalan portakalın kabuğunu da bir soyucu kullanarak çıkarın.

18 Kabukları çekici bir desen oluşturacak şekilde kremanın üzerine serpin ve bir servis tabağına ya da kek standına alın. **SAKLAMA** Kekiniz hava geçirmez bir kapta 3 gün dayanır.

Havuçlu Kek çeşitleri

Kabaklı Kek

Havuçlu kekin bu alternatifi çok beğenilen bir tariftir.

8–10 KİŞİLİK | 20 DAK | 45 DAK | 8 HAFTA KADAR

Özel gereçler
22 cm'lik kelepçeli yuvarlak kek kalıbı

Malzemeler
225 ml ayçiçeği yağı. Ayrıca biraz da yağlamak için.
100 gr fındık
3 büyük yumurta
1 çay kaşığı vanilya esansı
225 gr toz şeker
200 gr kabak, ince rendelenmiş
200 gr kendi kabaran un
75 gr kendi kabaran tam tahıllı un
Bir tutam tuz
1 çay kaşığı tarçın
1 limonun ince rendelenmiş kabuğu

Yapılışı

1 Fırınınızı önceden 180°C'ye ısıtın. Kalıbın tabanını yağlayıp fırın parşömeni serin. Fındıkları bir fırın tepsisine koyup hafif esmerleşene kadar 5 dakika fırınlayın. Fındıkları temiz bir kurulama bezinin üzerine alıp ovalayarak fazla kabuklarını çıkarın. Kabaca kıyıp bir kenara ayırın.

2 Yağı ve yumurtaları bir kâseye koyup vanilyayı ekleyin ve şekeri karıştırın. Karışımı hafifleşip koyulaşana dek çırpın. Kabakların suyunu sıkıp fındıklara karıştırın. Unu eleyip elekte kalan kepekleri atın. Tuzu, tarçını ve limon kabuğunu ekleyip karıştırın.

3 Hamuru kalıba boşaltın. 45 dakika, dokununca esnek hale gelene dek pişirin. Izgara bir tele tersyüz edin ve tamamen soğuyana kadar bırakın.

SAKLAMA Kekiniz hava geçirmez bir kapta 3 gün duracaktır.

FIRINCIDAN İPUCU

Kabakların olağandışı kapsamı sizi şaşırtmasın. Kabak havuçtan daha az şekerlidir ama ıslaklık ve taze bir tat verir. Bu kek kremasız olduğu için daha sağlıklıdır.

Havuçlu Çabuk Kek

Havuçlu kekler acemi fırıncılar için idealdir çünkü uzun süreli çırpma veya hassas karıştırma işlemleri gerektirmezler. Bu kek çabuk hazırlanır ve daha da çabuk tüketileceği garantidir.

8 KİŞİLİK | 15 DAK | 20–25 DAK | 8 HAFTA, KREMASIZ

Özel gereçler
20 cm'lik kelepçeli, yuvarlak kek kalıbı

Hazırlanışı
75 gr tuzsuz tereyağı, eritilip soğutulmuş. Ayrıca biraz da yağlamak için
75 gr kendi kabaran tam tahıllı un
1 çay kaşığı toz yeni bahar
½ çay kaşığı toz zencefil
½ çay kaşığı kabartma tozu
2 havuç, kabaca rendelenmiş
75 gr yumuşak, light esmer şeker
50 gr çekirdeksiz kuru üzüm
2 yumurta, çırpılmış
3 yemek kaşığı taze sıkılmış portakal suyu

Kaplama için
150 gr krem peynir, oda sıcaklığında
1 yemek kaşığı pudra şekeri
Limon kabuğu, süslemek için

Yapılışı

1 Fırınınızı önceden 190°C'ye ısıtın. Kek kalıbını yağlayıp fırın parşömeni serin.

2 Unu, yenibaharı, zencefili ve kabartma tozunu geniş bir kâseye eleyin. Havuçları, şekeri, kuru üzümü ekleyip karıştırın. Yumurtaları, 1 yemek kaşığı portakal suyunu ve tereyağını ilave edin. İyice yedirinceye kadar karıştırın.

3 Kek karışımını kalıba dökün ve bir spatulayla düzeltin. Bir fırın tepsisinin üzerinde 20 dakika veya kekin ortasına batırılan bir şiş temiz çıkana dek pişirin. Soğuması için kalıpta 10 dakika bırakın.

4 Kenarlarından bıçak gezdirerek ızgara telin üzerine ters çevirin. Kâğıdı çıkarıp tamamen soğumaya bırakın. Tırtıklı bir bıçakla keki enine iki parçaya ayırın.

5 Kaplaması için krem peyniri kalan portakal suyu ve pudra şekeriyle çırpın. Kaplamayı kekin üzerine ve yanlarına sürün. Limon kabuğu ile süsleyin.

SAKLAMA Kek hava geçirmez bir kapta 3 gün dayanır.

Baharatlı Havuçlu Kek

Bu kek ısıtıcı baharatları ile kış için idealdir. Kare bir kalıpta pişirilirse lokma büyüklüğünde dilimlenebilir, partiler için mükemmel bir seçenektir. RESMİ ARKADA

16 DİLİM | 20 DAK | 30 DAK | 8 HAFTA, KAPLAMASIZ

Özel gereçler
20 cm'lik kare kek kalıbı

Malzemeler
175 gr kendi kabaran un
1 çay kaşığı tarçın
1 çay kaşığı karışık baharat
½ çay kaşığı karbonat
100 gr açık veya koyu renk yumuşak esmer şeker
150 ml ayçiçeği yağı
2 büyük yumurta
75 gr şeker pekmezi
125 gr havuç, iri rendelenmiş
1 portakalın ince rendelenmiş kabuğu

Kaplaması için
75 gr pudra şekeri
100 gr krem peynir, oda sıcaklığında
1-2 çay kaşığı portakal suyu
1 portakalın ince rendelenmiş kabuğu. Ayrıca biraz da süsleme için (arzuya bağlı).

Yapılışı

1 Fırınınızı 180°C'ye ayarlayın. Kalıbınızın tabanı ve kenarlarına parşömen döşeyin. Bir kâsede unu, baharatları, karbonatı ve şekeri karıştırın.

2 Başka bir kâsede yağı, yumurtaları ve pekmezi karıştırın ve kuru malzemelerle birleştirin. İçine havuçlarla portakal suyunu ekleyin, kalıba boşaltın ve üstünü düzeltin.

3 30 dakika veya dokunulduğunda sert olana dek pişirin. Birkaç dakika kalıpta bırakın, sonra tamamen soğuması için ızgara telinin üzerine tersyüz edin. Fırın parşömenini çıkarın.

4 Kaplaması için pudra şekerini bir kâseye eleyin, krem peyniri, portakal suyu ve kabuğunu ekleyin. Sürülebilir hale gelene dek mikserle çırpın. Kekin üzerine sürün. Arzuya göre portakal kabuklarıyla süsleyin ve servis için 16 parçaya bölün.

SAKLAMA Kekiniz hava geçirmez bir kapta 3 gün dayanır.

Limonlu Polentalı Kek

Buğday içermeyen ama buğday unu ile yapılan kekler kadar güzel olan birkaç kekten biri...

6–8 KİŞİLİK | 30 DAK | 50–60 DAK | 8 HAFTA KADAR

Özel gereçler

22 cm'lik kelepçeli, yuvarlak kek kalıbı

Malzemeler

175 gr tuzsuz tereyağı, yumuşatılmış. Ayrıca biraz da yağlamak için
200 gr toz şeker
3 büyük yumurta, çırpılmış
75 gr polenta veya kabaca çekilmiş mısır unu
175 gr öğütülmüş badem
2 limonun ince rendelenmiş kabuğu ve suyu
1 çay kaşığı glutensiz kabartma tozu
Koyu veya taze krema, servis için (arzuya bağlı)

1 Fırınınızı önceden 160°C'ye ısıtın. Kalıbı yağlayın, tabanına parşömen serin.

2 Tereyağı ve şekeri kabarana dek mikserle çırpın.

3 Çırpılmış yumurtaları, yavaşça, aralarda iyice karıştırarak teker teker ekleyin.

4 Polenta ve bademleri ekleyin, metal bir kaşıkla karıştırın.

5 Son olarak limon kabuğu ve kabartma tozunu ilave edin. Hamur oldukça sert hale gelecektir.

6 Karışımı hazırlanmış kalıba yayın ve üstünü bir spatulayla düzeltin.

7 50-60 dakika veya dokunulduğunda esnek hale gelene dek pişirin. Fazla kabarmayacaktır.

8 Bir şiş batırarak keki kontrol edin. Şiş hamurdan temiz çıkmalıdır.

9 Keki, elinizi yakmaması için kalıpta birkaç dakika tutarak soğutun.

10 Bu arada limon suyunu ve kalan şekeri küçük bir tencereye koyun.

11 Şeker tamamen eriyene kadar orta ateşte ısıtın. Ateşten alın.

12 Izgara telinin üzerine çıkarın. Kızarmış yüzü üste gelmelidir. Parşömen üzerinde kalsın.

13 İnce bir iğne ya da kürdan ile hâlâ sıcak olan kekin üzerinde küçük delikler açın.

14 Sıcak limonlu şurubu azar azar kekin üzerine dökün.

15 Kek şurubu çektikçe yeniden dökerek tamamını bitirin.

16 Soğuduktan sonra keki oda sıcaklığında sade, koyu ya da taze kremayla servis edebilirsiniz. **SAKLAMA** Kekiniz hava geçirmez bir kapta 3 gün dayanır.

Buğdaysız Kek çeşitleri

Çikolatalı ve Brezilya Cevizli Kek

Bu sıra dışı buğdaysız kekte tipik badem-çikolata bileşimi yerine keke ıslak, zengin bir dokunuş katan Brezilya cevizi kullanılıyor.

6–8 KİŞİLİK | 25 DAK | 45–50 DAK | 4 HAFTA KADAR

Özel gereçler
20 cm'lik kelepçeli, yuvarlak kek kalıbı
Mutfak robotu

Malzemeler
75 gr tuzsuz tereyağı, küp şeklinde kesilmiş. Ayrıca biraz da yağlamak için
100 gr kaliteli siyah çikolata, parçalara ayrılmış
150 gr Brezilya cevizi
125 gr toz şeker
4 büyük yumurta, akları ayrılmış
Toz kakao veya pudra şekeri, servis için
Koyu krema, servis için (arzuya bağlı)

Yapılışı

1 Fırınınızı 180°C'de ısıtın. Kek kalıbını yağlayın ve tabanına fırın parşömeni döşeyin. Çikolatayı kaynayan su dolu bir tencerenin üzerine yerleştireceğiniz bir kapta eritin ve soğumaya bırakın.

2 Cevizleri ve şekeri mutfak robotundan geçirin. Tereyağını ekleyip karışana kadar (bkz. Fırıncıdan İpucu) tekrar çekin. Yumurta sarılarını teker teker ekleyin. Erimiş çikolatayı da ilave edip karıştırın.

3 Ayrı bir kâsede yumurta aklarını iyice çırpın. Çikolatalı karışımı büyük bir kâseye dökün ve yumurta aklarından birkaç kaşık ekleyerek biraz gevşemesini sağlayın. Kalan yumurta aklarını da büyük bir metal kaşıkla dikkatlice karıştırın.

4 Karışımı kalıba dökün ve 45-50 dakika veya üstü esnekleşene ya da ortasına batırdığınız şiş temiz çıkana dek pişirin. Birkaç dakika kalıpta soğumasını bekleyin, sonra ızgara telin üzerine ters çevirip tamamen soğutun. Parşömeni çıkarın. Toz kakaoyu veya pudra şekerini üzerine serpin, arzuya göre koyu krema ile servis edin.

SAKLAMA Kekiniz hava geçirmez bir kapta 3 gün dayanır.

FIRINCIDAN İPUCU

Robotta uzun süreli çekme cevizlerdeki doğal yağların açığa çıkmasına ve sonuçta keke yağlı bir lezzet vermesine neden olacağı için tereyağını şeker ve cevize katarken robotunuzu kısa aralıklarla çalıştırmaya dikkat edin.

Torta Margherita

Hafif ve limonlu bu İtalyan klasiğinin yapımında patates nişastası kullanılmaktadır.

6–8 KİŞİLİK | 20 DAK | 25–30 DAK | 8 HAFTA KADAR

Özel Gereçler
20 cm'lik kelepçeli, yuvarlak kek kalıbı

Malzemeler
25 gr tuzsuz tereyağı. Ayrıca biraz da yağlamak için
2 büyük yumurta ve 1 yumurta sarısı
100 gr toz şeker
½ çay kaşığı vanilya esansı
100 gr patates nişastası, elenmiş
½ çay kaşığı glütensiz kabartma tozu
½ limonun ince rendelenmiş kabuğu
Pudra şekeri, üzerine serpmek için

Yapılışı

1 Tereyağını eritin ve soğumaya bırakın. Fırınınızı önceden 180°C'de ısıtın. Kalıbı yağlayıp tabanına fırın parşömeni döşeyin.

2 Büyük bir kâsede yumurtaları, yumurta sarısını, şekeri ve vanilya esansını 5 dakika kadar, koyulaşıp rengi açılana ve en az iki katı hacme ulaşana kadar karıştırın. Patates nişastası, kabartma tozu ve limon kabuğunu dikkatlice ilave edin ve sonra da erimiş tereyağını katın.

3 Hamuru hazırlanmış kalıba dökün ve üzeri esmerleşene ve esnekleşene kadar 25-30 dakika pişirin. Ortasına batırılan bir şiş temiz çıkmalıdır.

4 Kekin kalıbında 10 dakika soğumasını bekleyin ve sonra tamamen soğuması için ızgara telinin üzerine çıkarın. Parşömeni çıkarın. Pudra şekeri serpip servis edin.

SAKLAMA Turtanız hava geçirmez bir kapta 2 gün dayanır.

Castagnaccio

Kestane unu bu keke yoğun ama ıslak bir doku veriyor.

6–8 KİŞİLİK | 25 DAK | 50–60 DAK

Özel gereçler
20 cm'lik kelepçeli, yuvarlak kek kalıbı

Malzemeler
1 yemek kaşığı zeytinyağı. Ayrıca biraz da yağlamak için
50 gr kuru üzüm
25 gr file badem
30 gr çam fıstığı
300 gr kestane unu
25 gr toz şeker
Bir tutam tuz
400 ml süt veya su
1 yemek kaşığı ince kıyılmış biberiye yaprağı
1 portakal, kabuğu soyulmuş

Yapılışı

1 Fırınınızı önceden 180°C'de ısıtın. Kek kalıbını yağlayıp tabanına fırın parşömeni serin. Kuru üzümleri, açılmaları için sıcak suda 5 dakika bekletin. Süzün.

2 Bademlerle çam fıstıklarını fırın tepsisine yerleştirip hafifçe esmerleşene kadar 5-10 dakika pişirin. Kestane ununu büyük bir kâseye eleyin, şeker ile tuzu ekleyin.

3 Bir çırpma teli ile yavaşça karıştırarak süt veya suyu ekleyin ve koyu, pürüzsüz bir karışım elde edin. Zeytinyağını da ekleyip karışımı kalıba dökün, üzerine kuru üzümleri, biberiyeyi, portakal kabuklarını ve fıstıkları serpin.

4 Fırının ortasında 50-60 dakika, üstü kuruyana ve kenarları hafifçe esmerleşene kadar pişirin. Kek kabarmayacaktır. 10 dakika kalıpta bırakıp dikkatlice bir ızgara teline çıkarın ve tamamen soğumasını bekleyin. Parşömeni çıkarıp servis yapın.

SAKLAMA Kekiniz hava geçirmez bir kapta 3 gün dayanır.

NOT Kestane unu, şarküterilerden, sağlıklı gıda satan marketlerden veya internetten bulunabilir.

Çikolatalı Kek

Herkes çikolatalı keki sever, bu tarifteki yoğurt, keke fazladan bir ıslaklık katıyor.

6–8 KİŞİLİK | 30 DAK | 20–25 DAK | 8 HAFTA, İÇSİZ

Özel Gereçler

2 adet 17 cm'lik yuvarlak kek kalıbı

Malzemeler

175 gr tuzsuz tereyağı, yumuşatılmış. Ayrıca biraz da yağlamak için
175 gr yumuşak, light esmer şeker
3 büyük yumurta
125 gr kendi kabaran un
50 gr toz kakao
1 çay kaşığı kabartma tozu
2 yemek kaşığı süzme yoğurt veya koyu sade yoğurt

Çikolatalı tereyağı kreması için

50 gr tuzsuz tereyağı, yumuşatılmış
75 gr pudra şekeri, elenmiş. Ayrıca biraz da servis için
25 gr toz kakao
Biraz süt, gerekirse

1 Fırınınızı önceden 180°C'de ısıtın. Kalıpları yağlayıp parşömen serin.

2 Tereyağını doğrayıp şekerle birlikte büyük bir kâseye koyun.

3 Tereyağlı karışımı, hafifleyip kabarana dek mikserle çırpın.

4 Yumurtaları teker teker kırıp her yumurtadan sonra iyice karışana kadar çırpın.

5 Ayrı bir kâsede unu, kakaoyu ve kabartma tozunu birlikte eleyin.

6 Unlu karışımı, hacmini kaybetmemeye çalışarak kek hamuruna iyice yedirin.

7 Koyu yoğurdu karışıma dikkatlice ekleyin. Bu, kekinizin ıslanmasını sağlayacaktır.

8 Karışımı iki kek kalıbına paylaştırıp bir spatulayla üzerlerini düzeltin.

9 Fırının ortasında 20-25 dakika, kabarana ve esnekleşene kadar pişirin.

10 Ortasına batırılan bir şiş temiz çıkmalıdır. Eğer temiz çıkmıyorsa biraz daha pişirin.

11 Kekleri birkaç dakika daha kalıplarında bırakın. Parşömenleri çıkarıp soğumaya bırakın.

12 Tereyağlı krema için tereyağını, pudra şekerini ve kakaoyu büyük bir kâseye koyun.

13 Karışım kabarana kadar, yaklaşık 5 dakika mikserle çırpın.

14 Koyulaşırsa, sürülecek kıvama gelene dek her seferinde 1 çay kaşığı kadar süt ekleyin.

15 Bir kekin tabanına tereyağlı kremayı sürün ve diğer keki üzerine kapatın.

16 Keki bir servis tabağına alıp servis yapmadan önce üzerine pudra şekeri serpin.
SAKLAMA Kekiniz hava geçirmez bir kapta 2 gün dayanır.

Çikolatalı Kek çeşitleri

Üç Katlı Çikolatalı Pasta

Islak kek, yumuşacık vanilyalı krema ve pürüzsüz çikolatalı kaplama... Bir çikolata ve kekseverin isteyebileceği her şey!

12 KİŞİLİK | 15 DAK | 30–35 DAK

Özel gereçler
3 adet 20 cm'lik yuvarlak kek kalıbı

Malzemeler
300 gr kendi kabaran un
4 yemek kaşığı toz kakao
1 çay kaşığı tepeleme karbonat
300 gr tuzsuz tereyağ, yumuşatılmış. Ek olarak 2 yemek kaşığı ve biraz da yağlamak için.
300 gr toz şeker ve ayrıca 1 yemek kaşığı toz şeker
5 büyük yumurta
1 yemek kaşığı vanilya esansı ve birkaç damla daha
4 yemek kaşığı süt
175 gr sade çikolata
450 ml yağlı krema

Yapılışı

1 Fırınınızı önceden 180°C'de ısıtın. Kek kalıplarını hafifçe yağlayın ve tabanlarına fırın parşömeni döşeyin. Unu, kakaoyu ve kabartma tozunu birlikte bir kâseye eleyin. Tereyağını ve şekeri ayrı bir kâsede rengi açılana ve kabarana kadar mikserle çırpın.

2 Elenmiş unu, yumurtaları, vanilya ve sütü ekleyip karışım homojen olana ve kabarana dek 1 dakika çırpın. Karışımı 3 kek kalıbı arasında paylaştırın ve üzerlerini düzleyin. 30-35 dakika fırında pişirin. Kekleri kalıplarında 5 dakika bekletin ve sonra ızgara teline alarak soğumaya bırakın.

3 Çikolatanın 50 gr'ını kırın ve bir sebze soyucu ile yüzeyinden bukleler çıkartın. Serin bir yere koyun.

4 Kremanın 150 ml'sini ısıya dayanıklı bir kaba alın. Kalan çikolatayı da parçalara ayırarak kâseye atın. Kâseyi kaynayan su dolu bir tencerenin üzerine yerleştirin, kabın tabanının suya değmemesine dikkat edin. Çikolata eriyene ve pürüzsüz, parlak bir hal alana dek karıştırın. Ateşten alıp içine 2 yemek kaşığı tereyağını katın ve soğumaya bırakın.

5 Kalan kremayı bir kâseye alın, 1 yemek kaşığı şeker, birkaç damla vanilya ekleyerek iyice çırpın. Kremayı iki kek arasında paylaştırın ve birbiri üzerine yerleştirin, en üste de üçüncü keki kapatın. Soğumuş kaplamayı kaşık kaşık keklerin üzerine dökerek kenarlardan akmasını sağlayın. Çikolata bukleleri ile süsleyip servis edin.

Şekerleme Kaplı Çikolatalı Kek

Popüler bir çeşit olarak mutlaka repertuarınızda bulunması gerekir.

8–12 KİŞİLİK | 20 DAK | 40 DAK | 8 HAFTA, KAPLAMASIZ

Özel gereçler
2 adet 20 cm'lik yuvarlak kek kalıbı

Malzemeler
225 gr tuzsuz tereyağı, yumuşatılmış. Ayrıca biraz da yağlamak için
200 gr kendi kabaran un
25 gr toz kakao
4 büyük yumurta
225 gr toz şeker
1 çay kaşığı vanilya esansı
1 çay kaşığı kabartma tozu

Kaplama için
45 gr toz kakao
150 gr pudra şekeri
45 gr tuzsuz tereyağı, eritilmiş
3 yemek kaşığı süt ve karışımı sulandırmak için biraz ilave süt

Yapılışı

1 Fırınınızı önceden 180°C'de ısıtın. Kalıpları yağlayın, tabanlarına parşömen döşeyin. Unu ve kakaoyu bir kâseye eleyin ve diğer tüm malzemeleri ekleyin. İyice karışana kadar mikserle birkaç dakika çırpın. iki yemek kaşığı ılık su koyarak karışımın yumuşamasını sağlayın. İki kalıp arasında eşit olarak paylaştırın ve üzerlerini düzeltin.

2 35-40 dakika kadar, kabarana ve sertleşene kadar pişirin. Izgara telin üzerine ters çevirip tamamen soğumaya bırakmadan önce birkaç dakika kalıpta soğumasını bekleyin. Parşömeni çıkartın.

3 Kaplama için kakaoyu ve pudra şekerini bir kâseye koyup üzerine tereyağı ve sütü ekleyerek iyice karışana ve pürüzsüz olana dek çırpın. Karışım koyu ise biraz süt ekleyin; sürmeniz için biraz gevşek olması gerekecektir. Karışımı soğumuş keklerin üzerine sürün, sonra üst üste koyun.

SAKLAMA Kekiniz hava geçirmez bir kapta 2 gün dayanır.

Armutlu ve Çikolatalı Kek

Bu zengin, lezzetli kek etkileyici olmak istediğinizde çok iyi bir seçenek olabilir.

6–8 KİŞİLİK | 15 DAK | 30 DAK

Özel gereçler
20 cm'lik kelepçeli, yuvarlak kek kalıbı

Malzemeler
125 gr tuzsuz tereyağı, yumuşatılmış. Ayrıca biraz da yağlamak için
175 gr esmer şeker
4 büyük yumurta, hafif çırpılmış
250 gr kendi kabaran tam buğday unu, elenmiş
50 gr toz kakao, elenmiş
50 gr kaliteli sütsüz çikolata, parçalara ayrılmış
2 armut, kabukları soyulup çekirdekleri çıkarılmış ve doğranmış
150 ml süt
Üzerine serpmek için pudra şekeri

Yapılışı

1 Fırınınızı önceden 180°C'de ısıtın. Kalıba fırın parşömeni yayıp kenarlarını tereyağıyla yağlayın.

2 Mikser kullanarak tereyağını şekerle açık renk ve kremsi olana kadar çırpın. Yumurtaları yavaşça, her seferinde biraz un ilave ederek karışıma yedirin. Kakao, çikolata ve armutları da ekleyin. Sütü de ekleyip karıştırın.

3 Kek karışımını hazırlanmış kalıba döküp fırına yerleştirin ve 30 dakika, sertleşip esnek hale gelene kadar pişirin. Kalıpta 5 dakika soğuttuktan sonra tamamen soğuması için keki ızgara telinin üzerine alın. Parşömeni çıkarın. Servisten önce üzerine pudra şekeri serpin.

SAKLAMA Kekiniz hava geçirmez bir kapta 2 gün dayanır.

Çikolatalı Pasta

Bu Amerikan klasiği çikolatanın zenginliğini arttırmak için keke harika bir lezzet derinliği katan kahve aromasını kullanıyor.

8-10 KİŞİLİK | 30 DAKİKA | 30-35 DAKİKA | 8 HAFTA, KAPLAMASIZ

Özel Gereçler
2 adet 20 cm'lik yuvarlak kek kalıbı

Malzemeler
100 gr tuzsuz tereyağı, yumuşatılmış. Ayrıca biraz da yağlamak için
275 gr toz şeker
2 büyük yumurta
200 gr kendi kabaran un
75 gr toz kakao
1 çay kaşığı kabartma tozu
1 yemek kaşığı 125 ml kaynar su ile karıştırılmış toz kahve veya aynı ölçüde soğuk espresso
125 ml süt
1 çay kaşığı vanilya esansı

Kaplama için
125 gr tuzsuz tereyağı, küp şeklinde kesilmiş
25 gr toz kakao
125 gr pudra şekeri
2-3 yemek kaşığı süt
Siyah veya sütlü çikolata, talaşlar için

Yapılışı

1 Fırınınızı önceden 180°C'de ısıtın. Kek kalıplarını yağlayın ve tabanlarına fırın parşömeni serin. Tereyağı ve şekeri hafif ve kabarık olana kadar mikserle çırpın.

2 Yumurtaları aralarda iyice çırparak teker teker kırın. Ayrı bir kâseye un, kakao ve kabartma tozunu eleyin. Başka bir kâsede de soğuk kahveyi, sütü ve vanilya esansını karıştırın.

3 Kek hamuruna kuru ve sıvı malzemeleri sırayla kaşık kaşık ekleyin. Malzemeler iyice karıştıktan sonra kalıplar arasında paylaştırın.

4 Kekler dokunulduğunda esnek olana ve içlerine batırılan şiş temiz çıkana kadar 30-35 dakika pişirin. Birkaç dakika kalıplarda soğuttuktan sonra tamamen soğumaları için kekleri ızgara teline çıkarın. Parşömeni atın.

5 Kaplama için tereyağını kısık ateşte eritin. Kakaoyu ekleyip sık sık karıştırarak bir-iki dakika daha pişirmeye devam edin. Hafifçe soğumaya bırakın.

6 Pudra şekerini eleyip karışması için çırpın. Karışım pürüzsüz ve parlak olana dek birer yemek kaşığı şeklinde sütü ilave edin. Soğumaya bırakın (koyulaşacaktır) sonra yarısını keklerin arasına sürüp diğer yarısını da kekin üstünü ve kenarlarını süslemek için kullanın. Son olarak bir sebze soyucusu yardımıyla çikolatadan talaşlar çıkarın ve kekin üzerine dağıtın.

SAKLAMA Bu kek hava geçirmez bir kapta serin bir yerde 5 gün dayanır.

FIRINCIDAN İPUCU
Bu tarifte kahve olması sizi endişelendirmesin. Normalde kahveli keklerden hoşlanmasanız bile bunda kahve kullanmalısınız. Kekiniz koyu, çikolatalı bir dokuya sahip olacak ve aşırı kahve tadı vermek yerine çikolatanın tadını belirginleştirecektir.

Çikolata Soslu Kek

Herkesin bir çikolata soslu kek tarifi olmalıdır ve bu, şampiyon tariflerden biridir. Yağ ve şurup keki ıslak tutarken kaplaması da bir klasiktir.

6–8 KİŞİLİK | 40 DAKİKA | 30 DAKİKA | 8 HAFTA, KAPLAMASIZ

Özel gereçler
2 adet 17 cm'lik yuvarlak kek kalıbı

Malzemeler
150 ml ayçiçeği yağı. Ayrıca biraz da yağlamak için
175 gr kendi kabaran un
25 gr toz kakao
1 çay kaşığı kabartma tozu
150 gr yumuşak, light esmer şeker
3 yemek kaşığı şeker pekmezi
2 yumurta
150 ml süt

Kreması için
125 gr tuzsuz tereyağı
25 gr toz kakao
125 gr pudra şekeri
2 yemek kaşığı süt, gerekirse

Yapılışı

1 Fırınınızı önceden 180°C'de ısıtın. Kalıpları yağlayın ve tabanlarını fırın parşömeniyle kaplayın. Büyük bir kâseye un, kakao ve kabartma tozunu ekleyin. Şekeri de ilave edin.

2 Şeker pekmezini akıcı hali gelene kadar ısıtın ve soğumaya bırakın. Ayrı bir kâsede yumurtaları, ayçiçeği yağını ve sütü mikserle çırpın.

3 Yumurtalı karışımı unlu karışımla iyice karışana kadar çırpın. Şurubu da ekleyip hamuru kek kalıpları arasında paylaştırın.

4 Kekleri fırının ortasında, dokununca esnek olana veya ortasına batırılan şiş temiz çıkana dek 30 dakika kadar pişirin. Kalıplarda hafifçe soğumaya bıraktıktan sonra tamamen soğumaları için ızgara teline alın. Parşömeni çıkarın.

5 Kremasını yapmak için tereyağını kısık ateşte eritin. Toz kakaoyu ekleyip 1-2 dakika pişirin ve tamamen soğuması için bekleyin. Pudra şekerini bir kâseye eleyin.

6 Tereyağı ve kakaoyu pudra şekerinin üzerine dökün ve karışmaları için çırpın. Eğer karışım kuru görünüyorsa her seferinde birer yemek kaşığı olmak üzere süt ekleyin. Karışım pürüzsüz ve parlak hale gelince 30 dakika soğumaya bırakın. Soğurken koyulaşacaktır.

7 Koyulaşınca kremanın yarısını kekin içini doldurmak yarısını da üzerine sürmek için kullanın.

SAKLAMA Bu kek hava geçirmez bir kapta 3 gün dayanır.

FIRINCIDAN İPUCU
Burada kullanılan kaplama gerçekten temel bir tariftir ve pek çok çikolatalı kekte kullanılabilir. Biraz eskimiş artıklar mikrodalgada 30 saniyede ısıtılabilir. Kaplama karışımı zengin, tatlı bir sosa dönüşecektir ve kek lezzetli, çabuk hazırlanan bir tatlı olarak vanilyalı dondurma ile servis edilebilir.

Fırında Çikolatalı Mus

Bu klasik mus bir acemi için bile çok kolaydır. Islak musu sıcak suya batırılmış keskin bir bıçakla dilimleyin ve iki kesim arasında bıçağı silin.

8–12 KİŞİLİK | 20 SAAT | 1 SAAT

Özel gereçler
23 cm'lik kelepçeli, yuvarlak kek kalıbı

Malzemeler
250 gr tuzsuz tereyağı, küp şeklinde kesilmiş
350 gr kaliteli siyah çikolata, parçalara ayrılmış
250 gr yumuşak light esmer şeker
5 büyük yumurta, akları ayrılmış
Bir tutam tuz
Toz kakao veya pudra şekeri, üzerine serpmek için
Koyu krema, servis yapmak için (arzuya göre)

Yapılışı

1 Fırınınızı önceden 180°C'de ısıtın. Kalıpların tabanını fırın parşömeniyle kaplayın. Kaynayan su dolu bir tencerenin üzerine ısıya dayanıklı bir kap yerleştirin (kabın tabanının suya değmemesine dikkat edin) ve tereyağı ile çikolatayı hafifçe karıştırarak pürüzsüz ve parlak hale gelene kadar eritin.

2 Kabı tencerenin üzerinden alıp hafifçe soğumaya bırakın; önce şekeri sonra teker teker yumurta sarılarını ekleyin.

3 Yumurta aklarını bir kâsede tuzla karıştırıp iyice koyulaşana kadar mikserle çırpın. Yavaşça çikolatalı karışıma ekleyin, sonra kek kalıbına döküp üzerini düzeltin.

4 1 saat kadar veya üstü sertleşip kalıbı salladığınızda ortası hâlâ titrer kıvama gelene kadar pişirin. Kalıpta bırakarak tamamen soğumasını bekleyin. Parşömeni çıkarın. Üzerine kakao veya pudra şekeri serpin. Bir parça koyu krema ile servis edin.

FIRINCIDAN İPUCU

Bu tarife lezzetli bir ıslaklık veya yapışkanlık vermek için keki çok pişirmemeye dikkat edin. Fırından alındığı zaman ortası henüz sertleşmeye başlamış olmalı ve musa hafifçe parmak bastırıldığında içeri batmamalı ve geriye yaylanmamalıdır.

Elmalı Alman Keki

Streusel de denen bu basit elmalı kek, üzerindeki leziz, gevrek, kıtırlı kaplaması ile özel bir lezzete dönüşüyor.

6–8 KİŞİLİK | 30 DAKİKA | 45–50 DAKİKA

Soğutma süresi
30 dakika

Özel gereçler
20 cm'lik kelepçeli kek kalıbı

Malzemeler
175 gr tuzsuz tereyağı, yumuşatılmış. Ayrıca biraz da yağlamak için
175 gr light, işlenmemiş şeker
1 limonun ince rendelenmiş kabuğu
3 yumurta, hafif çırpılmış
175 gr kendi kabaran un
3 yemek kaşığı süt
2 adet tart elması, soyulmuş, çekirdekleri çıkarılmış ve eşit yarım aylar şeklinde dilimlenmiş

Kıtırlı kaplaması için
115 gr sade un
85 gr light, işlenmemiş şeker
2 çay kaşığı toz tarçın
85 gr tuzsuz tereyağı, küp şeklinde doğranmış

1 Kaplamayı yapmak için un, şeker ve tarçını bir kâsede karıştırın.

2 Tereyağını ekleyip parmak uçlarınızla gevrek bir hamur topu oluşturun.

3 Kıtır hamurunu streç filme sarıp 30 dakika buzdolabında soğutun.

4 Fırınınızı önceden 190°C'de ısıtın. Kalıbı yağlayın ve fırın parşömeniyle kaplayın.

5 Tereyağı ve şekeri bir kâseye koyup açık renk ve kremsi hale gelene kadar çırpın.

6 Limon kabuklarını ekleyip hamura iyice karışana kadar çırpın.

7 Yumurtaları teker teker ekleyip pıhtılaşmaması için iyice çırpın.

8 Unu eleyip metal bir kaşıkla hafif hafif karıştırın.

9 Son olarak hamura sütü ekleyip dikkatlice karıştırın.

10 Karışımın yarısını hazırlanmış kalıba yayın ve yüzeyini bir spatulayla düzeltin.

11 Yarım ay şeklindeki elmaları hamurun üzerine döşeyin, iyi parçaları en üste koymak için ayırın.

12 Karışımın geri kalanını elmaların üzerine sürün. Yüzeyi bir kez daha spatulayla düzeltin.

13 Kalan elmaları kekin üzerine güzel bir desen oluşturacak şekilde dizin.

14 Kıtır hamurunu buzdolabından çıkarıp iri rendeleyin.

15 Rendelenmiş kıtırı hamuru kekin üzerine eşit biçimde serpin.

16 Fırının ortasına yerleştirip 45 dakika pişirin. Ortasına bir şiş batırın.

17 Şiş hamurla kaplanmış biçimde çıkarsa birkaç dakika daha pişirip tekrar kontrol edin.

18 Keki 10 dakika kalıbında bırakın. Sonra kıtırlı hamuru üstte bırakarak kalıptan dikkatle çıkartarak soğuması için ızgara teline alın. Sıcak servis edin.

Elmalı Kek çeşitleri

Elma, Kuru Üzüm ve Cevizli Kek

Bazen sağlıklı bir kek yemek isterim. Bu keki hem sağlıklı hem lezzetli kılan içinde çok az yağ olmasının yanı sıra meyve ve kuruyemişle dolu oluşudur.

10–12 KİŞİLİK | 25 DAKİKA | 30–35 DAKİKA

Özel gereçler
23 cm'lik kelepçeli, yuvarlak kek kalıbı

Malzemeler
- Yağlamak için tereyağı
- 50 gr kabuksuz Amerikan cevizi
- 200 gr elma, kabukları soyulmuş, çekirdekleri çıkarılmış ve küçük küpler şeklinde doğranmış
- 150 gr yumuşak light esmer şeker
- 250 gr kendi kabaran un
- 1 çay kaşığı kabartma tozu
- 2 çay kaşığı tarçın
- Bir tutam tuz
- 3 yemek kaşığı ayçiçeği yağı
- 3 yemek kaşığı süt, gerekirse biraz daha fazla
- 2 yumurta
- 1 çay kaşığı vanilya esansı
- 50 gr çekirdeksiz kuru üzüm
- Krem şanti veya pudra şekeri, servis için (arzuya bağlı)

Yapılışı

1 Fırınınızı önceden 180°C'de ısıtın. Kalıbı yağlayıp tabanını fırın parşömeniyle kaplayın. Cevizleri bir pişirme kâğıdının üzerine yayın ve 5 dakika gevrekleşene kadar fırınlayın. Soğutun ve iri doğrayın.

2 Büyük bir kâsede elmalarla şekeri karıştırın. Unu, kabartma tozunu, tarçını ve tuzu eleyip karıştırın. Yağı, sütü, yumurtaları ve vanilya esansını bir kavanozda karıştırın.

3 Sütü kek karışımına dökün ve iyice karıştırın. Cevizleri ve kuru üzümleri ekleyip hazırlanmış kalıba dökün.

4 Fırının ortasına yerleştirip 30-35 dakika, şiş kekten temiz çıkana kadar pişirin. Birkaç dakika soğuması için kalıpta bırakın, sonra ızgara teline alın. Parşömeni çıkarın. İster tatlı olarak krem şanti ile sıcak, ister soğutulmuş olarak pudra şekeri ile servis edin.

SAKLAMA Kekiniz hava geçirmez bir kapta 3 gün dayanır.

Elmalı Turta

Bu ıslak ve yoğun İtalyan keki için en iyisi elma tatlısıdır.

8 KİŞİLİK | 20–25 SAAT | 1¼–1½ SAAT | 8 HAFTA KADAR

Özel gereçler
23-25 cm'lik kelepçeli, yuvarlak kek kalıbı

Malzemeler
- 175 gr tuzsuz tereyağı, yumuşatılmış. Ayrıca biraz da yağlamak için
- 175 gr sade un. Ayrıca biraz da üzerine serpmek için
- ½ çay kaşığı tuz
- 1 çay kaşığı kabartma tozu
- 1 limonun ince rendelenmiş kabuğu ve suyu
- 625 gr elma, kabukları soyulmuş, çekirdekleri çıkarılmış ve dilimlenmiş
- 200 gr toz şeker. Ayrıca cila için 60 gr
- 2 yumurta
- 4 yemek kaşığı süt

Yapılışı

1 Fırınınızı önceden 180°C'de ısıtın. Kalıbı yağlayıp biraz un serpin. Unu tuz ve kabartma tozuyla birlikte eleyin. Limon suyunu elma dilimlerinin üzerine dökün.

2 Tereyağını büyük bir kâsede yumuşak ve kremamsı olana kadar çırpın. Şeker ve limon kabuklarını ekleyip hafif ve kabarık olana dek çırpın. Yumurtaları teker teker, aralarda iyice çırparak ekleyin. Hamur pürüzsüz olana kadar süt ekleyerek çırpın.

3 Un karışımını ve elmaların yarısına ekleyip kaşıkla kalıba aktarın ve üzerini düzeltin. Kalan elma dilimlerini iç içe halkalar halinde en üste yerleştirin. 1¼ -1½ saat, şiş temiz çıkana kadar fırınlayın; hâlâ ıslak olacaktır.

4 Bu sırada cilayı yapın. 4 yemek kaşığı su ve kalan şekeri bir tencerede kısık ateşte şeker eriyene kadar ısıtın. Kaynama noktasına getirin ve karıştırmadan 2 dakika kaynatın. Soğumaya bırakın.

5 Cilayı, fırından çıkar çıkmaz kekin üzerine sürün. Keki kalıpta soğumaya bırakın, sonra bir servis tabağına alın.

SAKLAMA Kekiniz hava geçirmez bir kapta 2 gün dayanır.

Karamelli Elmalı Kek

Bu kekteki karamelize edilen elmalar harika bir şekerleme tadı verir, kekin fırınlandıktan sonra tereyağlı pişirme sularıyla ıslatılması onu özellikle lezzetli kılar.

8–10 KİŞİLİK | 40 DAKİKA | 40–45 DAKİKA | 4 HAFTA KADAR

Özel gereçler
22 cm'lik kelepçeli, yuvarlak kek kalıbı

Malzemeler
- 200 gr tuzsuz tereyağı, yumuşatılmış. Ayrıca biraz da yağlamak için
- 50 gr toz şeker
- 250 gr elma, kabukları soyulmuş, çekirdekleri çıkarılmış ve küp şeklinde doğranmış
- 150 gr yumuşak light esmer şeker
- 3 yumurta
- 150 gr kendi kabaran un
- 1 çay kaşığı tepeleme kabartma tozu
- Krem şanti veya pudra şekeri, servis için (arzuya bağlı)

Yapılışı

1 Fırınınızı önceden 180°C'de ısıtın. Kalıbı yağlayıp tabanına parşömen serin. Büyük bir kızartma tavasında tereyağının 50 gramını ve toz şekeri, şeker eriyip esmerleşene kadar hafifçe ısıtın. Küp şeklinde doğranmış elmaları ekleyip 7-8 dakika yumuşayıp karamelize olana dek kızartın.

2 Kalan tereyağıyla esmer şekeri hafifleyip kabarana dek bir kâsede mikserle çırpın. Yumurtaları teker teker kırarak aralarda iyice karıştırın. Unu ve kabartma tozunu birlikte eleyin ve karışıma yedirin.

3 Elmaları tavadan delikli bir kepçeyle alın ve tenceredeki suları daha sonra kullanmak için bir kenara ayırın. Elmaları kalıbın tabanına yayın. Üzerine hamuru serip kalıbı bir fırın tepsisinin üzerine yerleştirin. Fırının ortasında 40-45 dakika pişirin. Birkaç dakika soğuttuktan sonra bir ızgara telinin üzerine çıkarın.

4 Kızartma tavasını kalan sularla tekrar kısık ateşe alın ve iyice ısıtın. İnce bir şiş veya bir kokteyl kürdanıyla kekin yüzeyinde minik delikler açın. Keki bir tabağa alın ve elma şurubunu döküp içine çekmesini bekleyin. Krem şanti ile sıcak olarak veya soğuk ve pudra şekeri serperek servis edin.

SAKLAMA Kekiniz hava geçirmez bir kapta 3 gün dayanır.

Işgın* ve Zencefilli Tersyüz Kek

Klasik bir tatlıya modern bir dokunuş için basit bir tersyüz keki körpe ışgınla pişirilir.

6–8 KİŞİLİK | 40 DAKİKA | 40–45 DAKİKA

Özel gereçler

22 cm'lik kelepçeli, yuvarlak kek kalıbı

Malzemeler

150 gr tuzsuz tereyağı, yumuşatılmış. Ayrıca biraz da yağlamak için.
500 gr körpe, pembe ışgın
150 gr yumuşak, koyu esmer şeker
4 yemek kaşığı ince doğranmış konserve kök zencefil
3 büyük yumurta
150 gr kendi kabaran un
2 yemek kaşığı toz zencefil
1 çay kaşığı kabartma tozu
Servis için yağlı krema, çırpılmış veya taze krema

** Doğu ve Güneydoğu Anadolu'da yaygın olarak yetişen ışgın bitkisinin yeşil ve kırmızı türleri mevcuttur. Sapı muz gibi kolayca soyularak yendiği için "yayla muzu" ya da "dağ muzu" da denir. –ed.n.*

1 Fırınınızı önceden 180°C'de ısıtın. Biraz tereyağı eriterek kalıbı yağlayın.

2 Kalıbın tabanı ve kenarlarını fırın parşömeni ile döşeyin.

3 Işgınları yıkayın, renksiz kısımlarını ve saplarının kurumuş uçlarını atın.

4 Işgınları keskin bir bıçakla 2 cm uzunluğunda kesin.

5 Şekerin birazını kek kalıbının tabanına serpin.

6 Doğranmış zencefilin yarısını da üzerine serpin.

7 Kalıbın tabanını tamamen kapatacak şekilde ışgınları yerleştirin.

8 Tereyağı ve kalan şekeri büyük bir kâseye alın.

9 Hafifleyip kabarana dek mikserle çırpın.

10 Yumurtaları tek tek kırarak aralarda, karışımın olabildiğince hava alması için iyice çırpın.

11 Kalan doğranmış zencefili de hamura ilave edip iyice karıştırın.

12 Un, toz zencefil ve kabartma tozunu ayrı bir kâseye eleyin.

13 Elenmiş malzemeleri kek hamurunun olduğu kaba aktarın.

14 Kuru malzemeleri, hacmini koruyarak kek hamuruna dikkatlice yedirin.

15 Kek hamurunu kalıbın tabanına yayın ama ışgınları ezmemeye dikkat edin.

16 Keki fırının ortasında 45 dakika, dokunulduğunda esnek olacak kadar pişirin.

17 Keki kalıbında 20-30 dakika soğumaya bırakın, sonra tersyüz edin.

18 Krem şanti veya taze krema ile sıcak bir tatlı olarak servis edebilirsiniz. **SAKLAMA** Kekiniz soğukken de güzeldir ve hava geçirmez bir kap içinde serin bir yerde 2 gün dayanır.

Taze Meyveli Kek çeşitleri

Yabanmersinli Tersyüz Kek

Yabanmersini ve erzak dolabından birkaç temel malzemeyi kalabalık bir sofra için lezzetli bir tatlıya dönüştürmenin sıra dışı ve leziz yöntemidir.

8–10 KİŞİLİK | 15 DAKİKA | 40 DAKİKA

Özel gereçler
22 cm yuvarlak, kelepçeli kek kalıbı

Malzemeler
150 gr tuzsuz tereyağı, yumuşatılmış. Ayrıca biraz da yağlamak için
150 gr toz şeker
3 yumurta
1 çay kaşığı vanilya esansı
100 gr kendi kabaran un
1 çay kaşığı kabartma tozu
50 gr öğütülmüş badem
250 gr taze yabanmersini
Krema veya vanilyalı muhallebi ya da pudra şekeri, servis için (arzuya bağlı)

Yapılışı

1 Fırınınızı önceden 180°C'de ısıtın ve içine bir pişirme kâğıdı serin. Kek kalıbını yağlayıp tabanına fırın parşömeni döşeyin. Tereyağı ve şekeri mikserle hafifleyip kabarana kadar çırpın.

2 Yumurtalarla vanilya esansını, aralarda iyice çırparak tamamen yedirene kadar karıştırın. Un ve kabartma tozunu birlikte eleyin; öğütülmüş bademleri ekleyin ve hamura karıştırın.

3 Yabanmersinlerini kalıba boşaltın ve hamuru dikkatlice üzerlerine yayın. Keki fırının ortasındaki pişirme kâğıdında 35-40 dakika, esmerleşene ve dokunulduğunda esnek hale gelene kadar pişirin; şiş hamurdan temiz çıkmalıdır. Birkaç dakika soğumaya bırakıp kalıptan çıkarın.

4 Keki bir servis tabağına alın. Üzerine krema veya light vanilyalı muhallebi koyarak sıcak bir tatlı olarak ya da üzerine pudra şekeri serpip soğuk olarak servis edebilirsiniz.

SAKLAMA Kekiniz hava geçirmez bir kapta 2 gün dayanır.

Armutlu Kek

Taze armut, yoğurt ve bademle çok ıslak bir kektir.

6–8 KİŞİLİK | 40 DAKİKA | 45–50 DAKİKA | 8 HAFTA KADAR

Özel gereçler
18 cm'lik kelepçeli, yuvarlak kek kalıbı

Malzemeler
100 gr tuzsuz tereyağı, yumuşatılmış. Ayrıca biraz da yağlamak için
75 gr yumuşak, light esmer şeker
1 yumurta, hafifçe çırpılmış
125 gr kendi kabaran un
1 çay kaşığı kabartma tozu
½ çay kaşığı toz zencefil
½ çay kaşığı tarçın
½ portakalın ince rendelenmiş kabuğu ve suyu
4 yemek kaşığı süzme yoğurt veya ekşi krema
25 gr öğütülmüş badem
1 büyük veya 2 küçük armut, kabukları soyulup çekirdekleri çıkarılmış ve dilimlenmiş

Kaplaması için
2 yemek kaşığı file badem, hafif kavrulmuş
2 yemek kaşığı esmer şeker

Yapılışı

1 Fırınınızı önceden 180°C'de ısıtın. Kek kalıbını yağlayıp tabanına fırın parşömeni döşeyin. Tereyağı ve şekeri hafifleyip kabarana kadar çırpın. Yumurtayı krema karışımına ekleyin.

2 Un, kabartma tozu, zencefil ve tarçını eleyip çok dikkatlice hamur karışımına yedirin. Portakal kabuğu ve suyunu, yoğurt veya ekşi kremayı ve öğütülmüş bademleri ilave edin. Hamurun yarısını kalıba dökün. Armutları dizip kalan hamuru da üzerine kapatın.

3 Küçük bir kâsede file bademlerle esmer şekeri karıştırın. Karışımı kekin üzerine serpin ve fırının ortasında 45-50 dakika, batırdığınız şiş temiz çıkana kadar pişirin.

4 Keki kalıbında 10 dakika kadar bekletin, sonra soğuması için ızgara telinin üzerine çıkarın. Sıcak veya oda sıcaklığında servis edin.

SAKLAMA Kekiniz serin bir yerde, hava geçirmez bir kapta 3 gün dayanır.

Vişneli Bademli Kek

Lezzetlerin klasik bir bileşimi ve her zaman konukların gözdesi.

8–10 KİŞİLİK | 20 DAKİKA | 1½–1¼ SAAT | 4 HAFTA KADAR

Özel gereçler
20 cm'lik derin, kelepçeli, yuvarlak kek kalıbı

Malzemeler
150 gr tuzsuz tereyağı, yumuşatılmış. Ayrıca biraz da yağlamak için
150 gr toz şeker
2 büyük yumurta, hafifçe çırpılmış
250 gr kendi kabaran un, elenmiş
1 çay kaşığı kabartma tozu
150 gr öğütülmüş badem
1 çay kaşığı vanilya esansı
75 ml tam yağlı süt
400 gr çekirdekleri çıkarılmış vişne
25 gr beyazlatılmış badem, doğranmış

Yapılışı

1 Fırınınızı önceden 180°C'de ısıtın. Kalıbı yağlayıp tabanına fırın parşömeni serin. Bir kâsede tereyağı ve şekeri kremsi kıvama gelene dek çırpın. Birinci yumurtadan sonra ikinciyi kırmadan önce 1 yemek kaşığı un ekleyin.

2 Kalan unu, kabartma tozunu, öğütülmüş bademleri, vanilya esansını ve sütü karıştırın. Vişnelerin yarısını ekleyin, sonra karışımı kalıba koyup üzerini düzeltin. Kalan vişneleri ve bademleri en üste serpiştirin.

3 1 ½ - 1 ¾ saat kadar, esmerleşene ve esnekleşene kadar pişirin. Keke batırılan bir şiş temiz çıkmalıdır. Tamamen pişmeden önce kekin yüzeyi kahverengileşmeye başlarsa folyoyla kaplayın. Piştikten sonra kalıpta birkaç dakika bırakıp daha sonra folyoyu ve parşömeni çıkarın. Servis yapmadan önce ızgara bir tele çıkararak tamamen soğumasını bekleyin.

SAKLAMA Kekiniz hava geçirmez bir kapta 2 gün dayanır.

Erikli Bavyera Keki

Bavyera fırınlanmış tatlılarıyla ünlüdür. Bu olağanüstü kek tatlı ekmek ile muhallebimsi meyveli tartın karışımına benzer.

8–10 KİŞİLİK | 35–40 DAKİKA | 50–55 DAKİKA | 4 HAFTA KADAR

Özel gereçler
28 cm'lik tart kalıbı

Malzemeler
1 çay kaşığı kuru maya
Bitkisel yağ, yağlamak için
375 gr sade un, ayrıca biraz da serpmek için
2 yemek kaşığı toz şeker
1 çay kaşığı tuz
3 yumurta
125 gr tuzsuz tereyağı, yumuşatılmış. Ayrıca biraz da yağlamak için

Dolgu için
2 yemek kaşığı ekmek kırıntısı
875 gr mor erik, çekirdekleri çıkarılmış ve dörde bölünmüş
2 yumurta sarısı
100 gr toz şeker
60 ml yağlı krema

Yapılışı

1 Mayayı küçük bir kâsedeki 60 ml ılık suya serpin. Maya eriyene kadar 5 dakika bekleyin. Başka bir kâseyi hafifçe yağlayın. Unu tezgâha eleyin. Ortasını çukurlaştırıp şeker, tuz, mayalı karışım ve yumurtaları ekleyin.

2 Unu yumuşak bir hamur oluşturacak şekilde yoğurun. Çok yapışkansa un ekleyin. Elastik hale gelene dek tezgâhın üzerinde yaklaşık 10 dakika yoğurun. Hamurun hafif yapışkan ama tezgâhtan kolaylıkla ayrılacak şekle gelene dek un ekleyin.

3 Tereyağını hamura ekleyin; yedirmek için sıkıştırıp ezin; sonra pürüzsüz hale gelmesi için yoğurun. Yuvarlayın ve yağlanmış kâseye koyun. Üstünü kapayıp buzdolabında 1½ - 2 saat ya da bir gece boyunca kabarıp iki katına çıkmasını bekleyin.

4 Tart kalıbını yağlayın. Soğumuş hamuru yoğurup içindeki havayı çıkarın. Tezgâhı unlayın, hamuru 32 cm çapında açın. Oklavaya sarıp tabağa gevşekçe yayın. Tabağa bastırın ve fazlalıklarını kesin.

5 Ekmek kırıntılarını hamurun üzerine serpin. Erik dilimlerini hamur kabuğun üzerine iç içe yerleştirin. Hamurun kenarları kabarana kadar oda sıcaklığında 35-40 dakika bekletin. Bu arada fırınınızı 220°C'ye ısıtın ve fırının içine ısınması için pişirme kâğıdı serin.

6 Muhallebi için yumurta sarılarını ve şekerin üçte ikisini bir kâseye koyun. Yağlı kremayı da ekleyip iyice karıştırın ve bir kenara ayırın.

7 Eriklerin üzerine kalan şekeri serpiştirin. Tartı ısınmış pişirme kâğıdına alın ve fırında 5 dakika pişirin. Fırından alıp ısıyı 180°C'ye indirin.

8 Muhallebiyi meyvelerin üzerine kepçeyle dökün ve fırına geri koyun. 45 dakika daha, hamur esmerleşene, meyveler yumuşayana ve muhallebi kıvamına gelene kadar pişirmeye devam edin. Izgara teli üzerinde soğumaya bırakın. Ilık olarak veya oda sıcaklığında servis edin.

SAKLAMA Kekiniz hava geçirmez bir kapta 2 gün dayanır.

FIRINCIDAN İPUCU

Fırınlanmış muhallebi fırından alındığında tamamen kıvamında olmamalıdır. Bunun yerine, kalıp sallandığında ortasında hafif bir titreme görülmelidir, aksi halde muhallebi kaygan ve gevşek değil, lastik gibi ve sert olacaktır.

Muz Ekmeği

Tatlı ekmeğin içine muzlardan yapılan püre konmaktadır. Baharat ve kuruyemişler lezzet ve gevreklik katar.

2 SOMUN | 20–25 DAKİKA | 35–40 DAKİKA | 8 HAFTA KADAR

Özel Gereçler

2 adet 450 gr'lık somun kalıbı

Malzemeler

Yağlamak için tuzsuz tereyağı
375 gr beyaz ekmek unu. Ayrıca biraz da üzerine serpmek için
2 çay kaşığı kabartma tozu
2 çay kaşığı tarçın
1 çay kaşığı tuz
125 gr iri parçalara ayrılmış ceviz
3 yumurta
3 olgun muz, kabukları soyulmuş ve doğranmış
1 limonun ince rendelenmiş kabuğu ve suyu
125 ml bitkisel yağ
200 gr toz şeker
100 gr yumuşak esmer şeker
2 çay kaşığı vanilya esansı
Krem peynir veya tereyağı, servis için (arzuya göre)

1 Fırınınızı önceden 180°C'de ısıtın. Ekmek kalıplarının ikisini de iyice yağlayın.

2 Her kalıba 2-3 yemek kaşığı un serpin. Fazla unu dökmek için kalıbı ters çevirip altına vurun.

3 Un, kabartma tozu, tarçın ve tuzu büyük bir kâseye eleyin. Cevizleri ekleyin.

4 Sıvı malzemeleri koymak için unlu karışımın ortasında bir çukur açın.

5 Yumurtaları ayrı bir kâsede çatalla veya bir el çırpıcısıyla çırpın.

6 Başka bir kâsede muzları çatalla, pürüzsüz bir kıvama gelene dek ezin.

7 Muzları karışıma ekleyip karıştırın. Limon kabuklarını da ekleyip tekrar karıştırın.

8 Yağı, esmer ve toz şekerleri, vanilyayı ve limon suyunu ekleyin. Hepsi birleşene kadar karıştırın.

9 Muzlu karışımın dörtte üçünü unun ortasındaki çukura dökün ve iyice karıştırın.

10 Kalan muzlu karışımı da ekleyerek kuru malzemeleri yavaşça karıştırın.

11 Yalnızca pürüzsüz olana dek karıştırın; aşırı karıştırırsanız ekmeğiniz sert olur.

12 Hamuru kaşıkla, eşit miktarlarda kalıplara aktarın. Kalıplar yarıya kadar dolmalıdır.

13 Somunlar kalıpların kenarlarından ayrılmaya başlayana kadar, 35-40 dakika pişirin.

14 İki kalıbı da hamurların ortalarına şiş batırarak kontrol edin; şiş temiz çıkmalıdır.

15 Somunların hafifçe soğumalarını bekleyin, sonra ızgara teline alarak tamamen soğutun.

16 Muz ekmeğini dilimleyerek krem peynir veya tereyağı ile servis edin. Kızartılarak da tüketilebilir. **SAKLAMA** Ekmeğiniz hava geçirmez bir kapta 3-4 gün dayanır.

Somun Kek çeşitleri

Elmalı Somun Kek

Elmalarla tam buğday unu sağlıklı bir kekte bir araya geliyor.

1 SOMUN | 30 DAKİKA | 40-50 DAKİKA | 8 HAFTA KADAR

Özel gereçler
900 gr'lık somun kalıbı

Malzemeler
120 gr tuzsuz tereyağı, yumuşatılmış. Ayrıca biraz da yağlamak için
60 gr yumuşak, light esmer şeker
60 gr toz şeker
2 yumurta
1 çay kaşığı vanilya esansı
60 gr tam tahıllı kendi kabaran un. Ayrıca biraz da karıştırmak için
1 çay kaşığı kabartma tozu
2 çay kaşığı tarçın
2 elma, kabukları soyulup çekirdekleri çıkarılmış ve küp şeklinde doğranmış

Yapılışı

1 Fırınınızı önceden 180°C'de ısıtın. Kalıbı yağlayıp tabanına fırın parşömeni döşeyin. Bir kâsede tereyağı ve şekerleri karıştırın.

2 Yumurtaları teker teker karıştırın. Vanilya esansını ekleyin. Ayrı bir kâseye unu, kabartma tozunu ve tarçını eleyin. Kuru malzemeleri iyice karıştırarak hamura ilave edin.

3 Elmaları az miktarda kendi kabaran unla karıştırıp hamura ekleyin. Karışımı kalıba boşaltın. Fırının ortasında 40-50 dakika esmerleşene kadar pişirin. Hafifçe ılındıktan sonra ızgara teline alın.

SAKLAMA Kekiniz hava geçirmez bir kapta 3 gün dayanır.

FIRINCIDAN İPUCU
Kuru veya taze meyve kullanıyorsanız sıvı malzemelere eklemeden önce biraz unla karıştırın. Bu unlu kaplama meyvelerin pişirme sırasında kekin dibine batmalarını engeller.

Cevizli ve Kızılcıklı Somun Kek

Kurutulmuş kızılcık bu sağlıklı keke tatlı ve keskin tatlar ekleyerek sıklıkla kullanılan kuru çekirdekli veya çekirdeksiz üzüme bir alternatif oluşturur. ➤

1 SOMUN | 30 DAKİKA | 50-60 DAKİKA | 4 HAFTA KADAR

Özel gereçler
900 gr'lık somun kalıbı

Malzemeler
100 gr tuzsuz tereyağı. Ayrıca biraz da yağlamak için
100 gr yumuşak, light esmer şeker
75 gr kuru kızılcık, iri doğranmış
50 gr Amerikan cevizi, iri doğranmış
2 portakalın ince rendelenmiş kabuğu ve 1 portakalın suyu
2 yumurta
125 ml süt
225 gr kendi kabaran un
½ çay kaşığı kabartma tozu
½ çay kaşığı tarçın
100 gr pudra şekeri, elenmiş

Yapılışı

1 Fırınınızı önceden 180°C'de ısıtın. Kalıbı yağlayıp tabanına parşömen serin. Bir tencerede tereyağını eritin. Hafifçe ılınmaya bırakın, sonra şeker, kızılcık, ceviz ve 1 portakalın kabuğu ile karıştırın. Yumurtalar ve sütü ekleyin ve tekrar karıştırın.

2 Başka bir kâsede un, kabartma tozu ve tarçını eleyin. Hamura katıp iyice karıştırın. Kalıba alıp fırının ortasında 50-60 dakika pişirin. Hafifçe ılındıktan sonra kalıptan çıkarın.

3 Pudra şekeri ve kalan kabukları karıştırın. Serpiştirilecek kıvama gelinceye kadar yeterli miktarda portakal suyu ekleyin. Kaplamayı soğutulmuş kekin üzerine serpiştirip dilimlemeden önce kurumasını bekleyin.

SAKLAMA Uygun bir kapta 3 gün dayanır.

Tatlı Patates Ekmeği

Kulağa hamur işi gibi gelse de bu daha çok tatlı bir kektir ve dokusu ve görünümü bakımından muz ekmeğine benzer.

1 SOMUN | 10 DAKİKA | 1 SAAT | 4 HAFTA KADAR

Özel gereçler
900 gr'lık somun kalıbı

Malzemeler
100 gr tuzsuz tereyağı, yumuşatılmış. Ayrıca biraz da yağlamak için
175 gr tatlı patates, soyulmuş ve küp şeklinde doğranmış
200 gr sade un
2 çay kaşığı kabartma tozu
Bir tutam tuz
½ çay kaşığı karışık baharat
½ çay kaşığı tarçın
125 gr toz şeker
50 gr Amerikan cevizi, iri doğranmış
50 gr doğranmış hurma
100 ml ayçiçeği yağı, 2 yumurta

Yapılışı

1 Kalıbı yağlayıp parşömen döşeyin. Tatlı patatesleri üzerine çıkacak kadar suyla bir tencereye koyup yumuşayıncaya kadar, 10 dakika pişirin. Püre haline getirip bir kenara ayırın.

2 Fırınınızı önceden 170°C'de ısıtın. Büyük bir kâseye unu, kabartma tozunu, tuzu, baharatları ve şekeri eleyin. Cevizlerle hurmaları ekleyip iyice karıştırın. Ortasında bir çukur açın.

3 Yumurtaları bir kavanozda iyice çözünene kadar yağla karıştırın. Patatesleri ekleyip pürüzsüzleşene dek karıştırın. Un karışımını ekleyip iyice yedirene kadar karıştırmaya devam edin.

4 Hamuru kalıba döküp üstünü bir spatulayla düzeltin. Fırının ortasında 1 saat boyunca, iyice kabarana ve içine batırılan şiş temiz çıkana kadar pişirin. Kalıptan çıkarmadan önce 5 dakika ılınmasını bekleyin.

SAKLAMA Kekiniz hava geçirmez bir kapta 3 gün dayanır.

kutlama kekleri

Zengin Meyveli Kek

Bu tarifle yılbaşı, düğünler ve doğum günleri için ideal olan, zengin meyveli, ıslak bir kek yaratabilirsiniz.

16 KİŞİLİK | 25 DAKİKA | 2½ SAAT

Islatma süresi
Bir gece

Özel gereçler
20-25 cm'lik derin, yuvarlak kek kalıbı

Malzemeler
200 gr çekirdeksiz kuru üzüm
400 gr kuru üzüm
350 gr kuru erik
350 gr kiraz şekerlemesi
2 küçük tatlılık elma, soyulmuş, çekirdekleri çıkarılıp küp şeklinde doğranmış
600 ml elma şarabı
4 çay kaşığı karışık baharat
200 gr tuzsuz tereyağı, yumuşatılmış
175 gr koyu esmer şeker
3 yumurta, çırpılmış
150 gr öğütülmüş badem
280 gr sade un
2 çay kaşığı kabartma tozu
400 gr hazır badem ezmesi
2-3 yemek kaşığı kayısı reçeli
3 büyük yumurtanın akı
500 gr pudra şekeri

1 Kuru üzümleri, kuru eriği, kirazları, elma, elma şarabı ve baharatları bir tencereye koyun.

2 Orta ateşte pişirin ve sıvının çoğunu çekene kadar yaklaşık 20 dakika kapağını kapatın.

3 Ateşten alın. Bir gece boyunca oda sıcaklığında bırakın, meyveler sıvıyı emsin.

4 Fırınınızı önceden 160°C'de ısıtın. Kalıba iki kat fırın parşömeni serin.

5 Bir kapta tereyağı ve şekeri kabarana dek mikserle çırpın.

6 Yumurtaları, topaklanmayı önlemek için aralarda iyice yedirerek teker teker ilave edin.

7 Meyveli karışımı ve öğütülmüş bademleri ekleyin, hamurun hacmini bozmamaya çalışın.

8 Unu ve kabartma tozunu bir kâseye eleyip yavaşça karışıma ekleyin.

9 Hamuru kaşıkla hazırlanmış kalıba aktarın, folyo ile kaplayın ve 2 ½ saat pişirin.

10 Kekin olup olmadığını ortasına batırdığınız bir şişin temiz çıkmasıyla kontrol edin.

11 Ilınmaya bırakın ve sonra tamamen soğuması için ızgara teline alın. Parşömeni çıkarın.

12 Eşit yükseklik için kenarlarını düzeltip standa aktarın. Badem ezmesiyle altını sabitleyin.

13 Reçeli ısıtıp keke kalın bir kat halinde sürün. Bu, badem ezmesinin yapışmasını da sağlar.

14 Hafifçe unlanmış tezgâhta kalan badem ezmesini yumuşayana dek yoğurun.

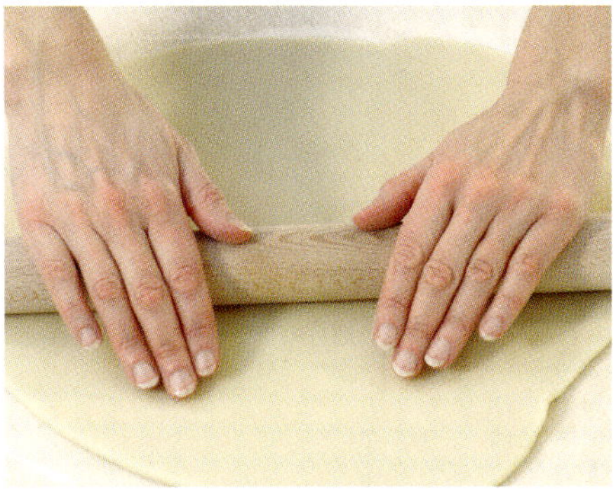

15 Yumuşamış badem ezmesini merdaneyle, kekin üstü kapanacak boya gelene kadar açın.

16 Ezmeyi merdaneden çıkarıp kekin üzerine kapatın.

17 Ellerinizle nazikçe dokunarak badem ezmesini yerleştirin, hava kabarcıklarını yok edin.

18 Küçük ve keskin bir bıçakla varsa pastanın tabanındaki badem ezmesi fazlalıklarını alın.

19 Yumurta aklarını bir kâseye koyup içine pudra şekerini eleyin ve iyice karıştırın.

20 Pudra şekerli karışımı mikserle kabarana dek 10 dakika çırpın.

21 Kaplamayı spatulayla pastanın üstüne sürün. **SAKLAMA** Kaplamasız 8 hafta dayanır.

Meyveli Kek çeşitleri

Kuru Erik ve Çikolatalı Tatlı

Islatılmış kuru erikler bu zengin, koyu renkli keke sıcak bir lezzet derinliği vererek onu kış günleri için mükemmel bir tatlı haline getiriyor.

8-10 KİŞİLİK | 30 DAKİKA | 40-45 DAKİKA | 8 HAFTA KADAR

Islatma süresi
Bir gece

Özel gereçler
22 cm'lik kelepçeli, yuvarlak kek kalıbı

Malzemeler
100 gr kuru erik, doğranmış
100 ml brendi veya soğuk siyah çay
125 gr tuzsuz tereyağı. Ayrıca biraz da yağlamak için
250 gr kaliteli siyah çikolata, parçalara ayrılmış
3 yumurta, akları ayrılmış
150 gr toz şeker
100 gr öğütülmüş badem
Toz kakao, elenmiş, üzerine serpmek için
Yağlı krema, çırpılmış, servis için (arzuya bağlı)

Yapılışı

1 Kuru erikleri konyak veya soğuk çayda bir gece ıslatın. Fırınlanmaya hazır olunca fırınınızı önceden 180°C'de ısıtın. Kalıbınızı yağlayıp tabanına fırın parşömeni serin.

2 Çikolatayı ve tereyağını kaynayan su dolu bir tencerenin üzerine yerleştirdiğiniz ısıya dayanıklı bir kapta eritip ılıtın. Yumurta sarılarını ve şekeri birlikte mikserle çırpın. Yumurta aklarını da sertleşinceye kadar ayrı bir kâsede çırpın.

3 Ilık çikolatayı yumurta sarılı karışıma ekleyin. Öğütülmüş bademleri, erikleri ve ıslatmada kullandığınız sıvıyı iyice karıştırın. Karışımı biraz gevşetmek için iki yemek kaşığı yumurta akını içine karıştırın. Kalan yumurta aklarını da yavaşça yedirin.

4 Karışımı kalıba boşaltın ve üzeri esnek olana dek (ortası biraz yumuşak olmalıdır) 40-45 dakika fırınlayın. Keki kalıbında biraz ılındırdıktan sonra soğuması için ızgara teline alın. Parşömeni çıkarın.

5 Keki, üzerinin daha pürüzsüz görünmesi için tersyüz şekilde servis edin. Kakaoyu üzerine serpip kremayla ikram edebilirsiniz.

SAKLAMA Hava geçirmez bir kapta 5 güne kadar dayanır.

Çay İçin Çörek

Basit bir tarif, meyvelerle birlikte ıslatma suyunu da kullanmayı unutmayın.

8-10 KİŞİLİK | 20 DAKİKA | 1 SAAT | 4 HAFTA KADAR

Islatma süresi
Bir gece

Özel gereçler
900 gr'lık somun kalıbı

Malzemeler
250 gr karışık kuru meyve (çekirdekli-çekirdeksiz üzüm ve karışık kabuklar)
100 gr yumuşak, light esmer şeker
250 ml soğuk siyah çay
Tuzsuz tereyağı, yağlamak için
50 gr ceviz veya fındık, iri çekilmiş
1 yumurta, çırpılmış
200 gr kendi kabaran un

Yapılışı

1 Kuru meyvelerle şekeri karıştırın ve bir gece soğuk çayda bekletin. Fırınlayacağınız zaman fırını önceden 180°C'de ısıtın. Kalıbı yağlayıp parşömen serin.

2 Kuruyemişleri ve yumurtayı ıslatılmış meyvelere ekleyin ve iyice karıştırın. Unu eleyip içine katarak yeniden karıştırın.

3 Fırının ortasında 1 saat kadar, üzeri esmerleşene ve esnekleşene kadar pişirin.

4 Kalıbında ılıtıp tamamen soğuması için ızgara teline çıkarın. Parşömeni atın. En iyisi dilimleyerek veya kızartıp tereyağı sürerek servis etmektir.

SAKLAMA Ekmeğiniz hava geçirmez bir kapta 5 gün dayanır.

Hafif Meyveli Kek

Herkes klasik, zengin meyveli kekten hoşlanmaz, özellikle de doyurucu bir kutlama yemeğinden sonra. Bu hafif versiyon meyve açısından daha az ağır olan, hızlı ve yapılması nispeten daha kolay bir alternatiftir.

8–12 KİŞİLİK	25 SAAT	1¼ SAAT	8 HAFTA KADAR

Özel gereçler
20 cm'lik derin, yuvarlak kek kalıbı

Malzemeler
175 gr tuzsuz tereyağı, yumuşatılmış
175 gr light, yumuşak esmer şeker
3 büyük yumurta
250 gr kendi kabaran un, elenmiş
2-3 yemek kaşığı süt
300 gr karışık kuru meyve (çekirdekli-çekirdeksiz üzüm, kiraz şekerlemesi ve karışık kabuklar)

Yapılışı

1 Fırınınızı önceden 180°C'de ısıtın. Kalıbınızı parşömenleyin.

2 Bir kâsede tereyağı ve şekeri açık renk ve kremsi kıvama gelene kadar el mikseriyle çırpın. Sonra yumurtaları, her birinden sonra biraz un ekleyerek, teker teker kırıp çırpın. Kalan unla sütü ilave edin. Kuru meyveleri de ekleyip iyice karıştırın.

3 Karışımı kaşıkla kalıba aktarın, üstünü düzeltin ve 1 ½- 1 ¾ saat kadar, üzeri sertleşip ortasına batırılan bir şiş temiz çıkana dek fırında pişirin. Kalıpta tamamen soğuyana kadar bekletin. Parşömeni atın.

SAKLAMA Kekiniz hava geçirmez bir kapta 3 gün dayanır.

Kuru Erik Tatlısı

Adını, içerdiği kuru eriklerden alan bu klasik Noel yemeğinin bu tarifinde geleneksel sığır iç yağı yerine tereyağı kullanılmıştır

8–10 KİŞİLİK | 45 DAKİKA | 8–10 SAAT | 1 YILA KADAR

Islama süresi
Bir gece

Özel gereçler
1 kg'lık puding kâsesi

Malzemeler
85 gr çekirdekli kuru üzüm
60 gr Frenk üzümü
100 gr çekirdeksiz kuru üzüm
45 gr karışık kabuk, doğranmış
115 gr karışık meyve kurusu (incir, hurma ve vişne gibi)
150 ml bira
1 yemek kaşığı viski veya brendi
1 portakalın ince rendelenmiş kabuğu ve suyu
1 limonun ince rendelenmiş kabuğu ve suyu
85 gr hazır kuru erik, doğranmış
150 ml soğuk siyah çay
1 tatlılık elma, kabukları soyulup çekirdeği çıkarılmış ve rendelenmiş
115 gr tuzsuz tereyağı, eritilmiş. Ayrıca biraz da yağlamak için
175 gr koyu, yumuşak esmer şeker
1 yemek kaşığı siyah melas
2 yumurta, çırpılmış
60 gr kendi kabaran un
1 çay kaşığı karışık baharat
115 gr taze beyaz ekmek kırıntısı
60 gr çekilmiş badem
Brendili tereyağı, krema veya muhallebi, servis için (arzuya göre)

Yapılışı

1 İlk 9 malzemeyi büyük bir kâseye koyup iyice karıştırın. Kuru erikleri küçük bir kâseye alıp çayla ıslatın. İki kâsenin de üzerini örtüp bir gece ıslatın.

2 Erikleri süzün ve kalan çayı atın. Eriklerle elmaları diğer meyvelere ekleyin, sonra tereyağını, şekeri, melası ve yumurtaları ilave ederek iyice karıştırın.

3 Karışık baharatla birlikte unu eleyin, içine ekmek kırıntılarıyla bademleri ilave edin. Tüm malzemeleri iyice karıştırın.

4 Puding kâsesini yağlayın ve karışımı içine dökün. Kâsenin üzerini iki kat parşömen ve 1 kat folyoyla kapatın. Katları kâseye bir iple bağlayın ve kâseyi en az yarısına gelecek kadar kaynayan su dolu bir tencerenin içine yerleştirin. 8-10 saat buharda pişirin.

5 Su seviyesinin çok düşmemesi için düzenli olarak kontrol edin. Brendili tereyağı, krema veya muhallebi ile servis edin.

ÖNCEDEN HAZIRLAMA Ağzı iyice kapatılırsa serin bir yerde 1 yıla kadar dayanır.

FIRINCIDAN İPUCU

Bir tatlıyı uzunca bir süre buharda pişirecekseniz, tenceredeki su seviyesinin düşmemesi çok önemlidir. Bunu önlemenin birkaç yolu vardır: Saat başlarında size su seviyesini kontrol etmenizi hatırlatacak bir zamanlayıcı kullanmak veya tencerenin içine, su seviyesi düştüğünde tıngırdayacak bir misket koymak.

Stollen

Alman mutfağına özgü bu zengin, meyveli tatlı ekmek, geleneksel olarak Noel'de ikram edilir ve Noel pastası veya börekler için harika bir alternatiftir.

12 KİŞİLİK | 30 DAKİKA | 50 DAKİKA | 4 HAFTA KADAR

Islatma süresi
Bir gece

Kabarma süresi
2-3 saat

Malzemeler
200 gr çekirdekli kuru üzüm
100 gr Frenk üzümü
100 ml rom
400 gr beyaz ekmek unu. Ayrıca biraz da serpmek için
2 çay kaşığı kuru maya
60 gr toz şeker
100 ml süt
½ çay kaşığı vanilya esansı
Bir tutam tuz
½ çay kaşığı karışık baharat
2 büyük yumurta
175 gr tuzsuz tereyağı, yumuşatılmış ve doğranmış
200 gr karışık meyve kabuğu
100 gr öğütülmüş badem
Pudra şekeri, serpmek için.

Yapılışı

1 Kuru üzümlerle Frenk üzümlerini geniş bir kâseye koyup üzerlerine romu dökün ve bir gece bekletin.

2 Ertesi gün unu büyük bir kâseye eleyin. Ortasını çukurlaştırıp mayayı ufalayın ve bir çay kaşığı şeker ekleyin. Sütü hafifçe ılıtın ve mayanın üzerine dökün. Oda sıcaklığında 15 dakika veya köpüklenene kadar bekletin.

3 Kalan şekeri, vanilya esansını, tuzu, karışık baharatları, yumurtaları ve tereyağını ekleyin. Tahta bir kaşıkla hepsini karıştırın ve 5 dakika, pürüzsüz hale gelene kadar hamuru yoğurun.

4 Hafifçe unlanmış bir tezgâha alın. Karışık kabukları, kuru üzüm ve Frenk üzümlerini, bademleri ekleyip hepsi karışana kadar biraz daha yoğurun. Hamuru kâseye geri koyun ve üzerini gevşekçe streç filmle kapatın. Sıcak bir yerde 1–1½ saat kadar kabararak iki katına ulaşmasını bekleyin.

5 Fırınınızı önceden 160°C'de ısıtın. Bir fırın tepsisine parşömen serin. Unlanmış tezgâhta hamuru açarak 30 x 25 cm'lik bir dikdörtgen elde edin. Uzun kenarlarından birini ortaya kadar getirip kapatın, sonra diğer uzun kenarı onun üzerine gelecek şekilde kapatın. Üzerine hafif bir kıvrım yaparak stollen şeklini verin. Fırın tepsisine alarak 1–1½ saat, hacmi iki katına çıkana dek bekletin.

6 Fırında 50 dakika veya hamur kabarıp esmerleşene dek pişirin. 30-35 dakika sonra kontrol edin, eğer çok esmerleştiyse folyo ile örtün. Izgara teline alarak tamamen soğutun, sonra üzerine bolca pudra şekeri serpin.

SAKLAMA Hava geçirmez bir kapta 4 gün dayanır.

FIRINCIDAN İPUCU
Stollen her tür kuru meyveyle yapılabilir. Bu tarifteki gibi sade de olabilir, içine badem ezmesi doldurulabilir veya tropik bitkiler kullanılabilir. Artanları kahvaltıda hafif kızartarak tereyağı ile tüketebilirsiniz.

Çikolatalı Kestaneli Rulo

Kutlamalar için harika bir seçim olan rulo pandispanya, krem şantiyle karıştırılmış kestane püresiyle doldurulur.

8-10 KİŞİLİK | **50-55 DAKİKA** | **5-7 DAKİKA** | **8 HAFTA KADAR**

Özel gereçler
30 x 37 cm'lik İsviçre Rulosu kalıbı
Krema sıkıcı ve yıldız uç

Malzemeler
Yağlamak için tereyağı
35 gr toz kakao
1 yemek kaşığı sade un
Bir tutam tuz
5 yumurta, akları ayrılmış
150 gr toz şeker

Dolgusu için
125 gr kestane püresi
2 yemek kaşığı koyu rom
175 ml yağlı krema
30 gr kaliteli siyah çikolata, parçalanmış
Toz şeker, tatlandırmak için (arzuya göre)

Süsleme için
50 gr toz şeker
2 yemek kaşığı koyu rom
125 ml yağlı krema
Siyah çikolata, sebze soyucu ile rendelenerek talaş haline getirilmiş

1 Fırınınızı önceden 220°C'de ısıtın. Bir fırın tepsisini yağlayıp parşömen serin.

2 Kakao, un ve tuzu büyük bir kâseye eleyip bir kenara bırakın.

3 Yumurta sarılarını şekerin üçte ikisi ile çırpın; karışım şerit şeklinde iz bırakmalıdır.

4 Yumurta aklarını sertleşene kadar çırpın. İçine kalan şekeri ekleyip parlayana kadar çırpın.

5 Yumurta sarısına üçte bir kakao ve üçte bir yumurta aklarını ekleyin.

6 Hafifçe birbirine karıştırın. Kalan kakaolu karışımı ve yumurta aklarını iki partide ekleyin.

7 Hamuru hazırladığınız tepsiye dökün ve kenarlara kadar yayın.

8 Fırının altında 5-7 dakika pişirin. Kek kabaracak ve sertleşecektir.

9 Keki fırından alıp nemli bir mutfak havlusunun üzerine koyun. Parşömenini soyun.

10 Keki nemli havlunun etrafına sıkıca sarın ve soğumaya bırakın.

11 Kestane püresini romla birlikte bir kâseye alın. Kremayı sertleşene kadar çırpın.

12 Çikolatayı bir tencere kaynayan suyun üzerinde eritin. Kestaneli püreye karıştırın.

13 Çikolata ve kestaneli karışımı çırpılmış kremaya ekleyin. Tatlandırması için şekeri ekleyin.

14 50 gr toz şekeri 4 yemek kaşığı suyun içinde 1 dakika kaynatın. Soğutup romun içine ekleyin.

15 Kekin rulosunu yeni bir parşömenin üzerinde açın. Şurupla ıslatıp kestaneli püreyi sürün.

16 Alttaki parşömeni kullanarak doldurulmuş keki dikkatlice ve olabildiğince sıkı bir rulo yapın.

17 Kremayla kalan şekeri sertleşene kadar çırpın. Krema sıkıcıya doldurun.

18 Rulonun kenarlarını tırtıklı bir bıçakla düzeltin. Bir servis tabağına alın. Krem şanti ve çikolata talaşları ile süsleyin. Aynı gün tüketilmesi tavsiye edilir.

Çikolatalı Rulo çeşitleri

Çikolatalı Kütük

Bu Noel klasiği siyah çikolata ile ahududuyu birleştiriyor.

10 KİŞİLİK | 30 DAKİKA | 15 DAKİKA | 24 HAFTA KADAR

Özel gereçler
20 x 28 cm'lik İsviçre Rulosu kalıbı

Malzemeler
3 yumurta
85 gr toz şeker
85 gr sade un
3 yemek kaşığı toz kakao
½ çay kaşığı kabartma tozu
Pudra şekeri, üzerine serpmek için
200 ml yağlı krema
140 gr siyah çikolata, parçalara ayrılmış
3 yemek kaşığı ahududu reçeli

Yapılışı

1 Fırınınızı önceden 180°C'de ısıtın. İsviçre Rulosu kalıbını parşömenle kaplayın.

2 Yumurtaları şeker ve bir yemek kaşığı suyla 5 dakika veya açık renk olana dek çırpın. Un, kakao ve kabartma tozunu, çırpılmış yumurtaların içine eleyin ve dikkatlice karıştırın.

3 Karışımı kalıba döküp üzeri esnekleşene kadar 12 dakika pişirin. Bir parça fırın parşömenini üzerine ters çevirin. Kekin tabanından kâğıdı soyun ve atın. Keki yeni bir parşömenin üzerinde yuvarlayın. Soğumaya bırakın.

4 Üzeri için kremayı küçük bir tencereye koyun, kaynama derecesine getirin ve ateşten alın. Parçalanmış çikolatayı ekleyip ara sıra karıştırarak eritin. Karışımı, soğuması ve koyulaşması için bekletin.

5 Kekin rulosunu açıp üzerine ahududu reçeli sürün. Çikolatalı ve kremalı karışımın üçte birini de sürüp tekrar rulo yapın. Kekin ek yeri alta gelecek şekilde yerleştirin. Kalan karışımı kekin her tarafına sürün. Uzunlamasına şeritler oluşturmak için bir çatal kullanın. Servis tabağına alıp pudra şekeri ile süsleyin.

SAKLAMA Kekiniz soğukta 2 gün dayanır.

Çikolatalı Amaretti'li Rulo

Ufalanmış Amaretti bisküvileri bu enfes ve lezzetli ruloya gevreklik katıyor. ➤

6–8 KİŞİLİK | 25–30 DAKİKA | 20 DAKİKA | 8 HAFTA KADAR

Özel gereçler
20 x 28 cm'lik İsviçre Rulosu kalıbı

Malzemeler
6 büyük yumurta, akları ayrılmış
150 gr toz şeker
50 gr toz kakao. Ayrıca biraz da serpmek için
300 ml yağlı krema veya krem şanti
2-3 yemek kaşığı Amaretto veya brendi
20 Amaretti bisküvi, ufalanmış. Ayrıca 2 tane de üzerine koymak için.
50 gr siyah çikolata

Yapılışı

1 Fırınınızı önceden 180°C'de ısıtın. Kalıba parşömen döşeyin. Yumurta sarıları ve şekeri bir kâseye koyup kaynayan su dolu bir tencerenin üzerine yerleştirerek krema kıvamına gelene dek yaklaşık 10 dakika mikserle çırpın. Ateşten alın. Başka bir kâsede yumurta aklarını temiz bir çırpıcı ile yumuşak tepecikler oluşana kadar çırpın.

2 Kakaoyu yumurta sarılı karışımın üzerine eleyin ve yumurta aklarıyla birlikte hafifçe karıştırın. Kalıba dökün ve köşelerini düzeltin. 20 dakika veya esnekleşene kadar pişirin. Hafifçe ılındıktan sonra keki, yüzü aşağı gelecek şekilde, üzerine pudra şekeri serpilmiş bir tabaka parşömenin üzerine çıkarın. 30 dakika soğumasını bekleyin.

3 Kremayı, yumuşak tepecikler oluşana kadar mikserle çırpın. Kekin kenarlarını düzeltin, sonra Amaretto veya brendiyle ıslatın. Kremayı sürüp ufalanmış Amaretto bisküvilerini serpin. En üste çikolatanın çoğunu rendeleyin.

4 Kısa kenarlardan birinden başlayarak ruloyu yuvarlayın, sıkı olması için parşömeni kullanın. Ek yeri alta gelecek şekilde bir tabağa yerleştirin. İki bisküviyi de üzerine ufalayın. Kalan çikolatayı rendeleyip pudra şekeri ve toz kakaoyla süsleyin. Aynı gün tüketmeniz tavsiye edilir.

Çikolatalı ve Yağlı Kremalı Rulo

İsviçre Rulosunun bu çikolatalı çeşidini yapmak çok kolaydır ve çocuklar buna bayılırlar, çocuk partileri için mükemmel bir seçimdir.

8–10 KİŞİLİK | 20–25 DAKİKA | 10 DAKİKA

Özel gereçler
20 x 28 cm'lik İsviçre Rulosu kalıbı

Malzemeler
3 büyük yumurta
75 gr toz şeker
50 gr sade un
25 gr toz kakao. Ayrıca biraz da üzerine serpmek için
75 gr tereyağı, yumuşatılmış
125 gr pudra şekeri

Yapılışı

1 Fırınızı önceden 200°C'de ısıtın ve kalıba parşömen döşeyin. Bir tencere kaynayan suyun üzerine bir kâse yerleştirin; yumurtalarla şekeri ekleyip koyulaşana ve kremamsı olana dek, 5-10 dakika çırpın. Ateşten alın, unu ve kakaoyu üzerine eleyin ve karıştırın.

2 Karışımı kalıba dökün ve 10 dakika kadar, esnekleşene dek pişirin. Nemli bir mutfak havlusu ile örtüp soğumaya bırakın. Keki kakao serpilmiş bir parşömenin üzerine tersyüz edin. Üzerinde piştiği parşömeni atın.

3 Tereyağını kremamsı kıvama gelene kadar çırpın. İçine pudra şekerini azar azar karıştırın ve karışımı kekin üzerine sürün. Parşömenin yardımıyla keki rulo haline getirin.

SAKLAMA Kekiniz soğuk bir yerde 3 gün dayanır.

Karaorman Pastası

Son zamanlarda yeniden en iyiler arasına giren bu klasik Alman keki, kutlama sofralarındaki yerini hak ediyor.

8 KİŞİLİK | 55 DAKİKA | 40 DAKİKA | 4 HAFTA KADAR

Özel gereçler
23 cm'lik kelepçeli, yuvarlak kek kalıbı
Krema sıkıcı ve yıldız uç

Malzemeler
85 gr tereyağı, eritilmiş. Ayrıca biraz da yağlamak için
6 yumurta
175 gr toz şeker
125 gr sade un
50 gr toz kakao
1 çay kaşığı vanilya esansı

Dolgu ve süsleme için
2 adet 425 gr'lık çekirdeksiz vişne konservesi, suyu süzülmüş; 6 yemek kaşığı konserve vişne suyu ve kabaca doğranmış 1 konserve vişne
4 yemek kaşığı Kirsch (kiraz brendisi)
600 ml yağlı krema
150 gr siyah çikolata, rendelenmiş

1 Fırınınızı önceden 180°C'de ısıtın. Kalıbı yağlayıp parşömenle döşeyin.

2 Yumurtalarla şekeri, bir tencerenin üzerine uyacak, ısıya dayanıklı geniş bir kâseye koyun.

3 Kâseyi bir tencere kaynar suyun üzerine oturtun. Kâsenin suya değmemesine dikkat edin.

4 Karışım açık renk olana, koyulaşana ve mikserin çırpıcıları iz bırakana dek çırpın.

5 Ateşten alıp 5 dakika daha veya hafifçe soğuyana kadar çırpın.

6 Unu ve kakaoyu birlikte eleyin ve bir spatula kullanarak yumurtalı karışıma yedirin.

7 Vanilya ve tereyağını da ekleyin. Hazırlanmış kalıba alın ve üzerini düzeltin.

8 Fırında 40 dakika veya hamur kabarıp kenarlarından ayrılana kadar pişirin.

9 Izgara telinin üzerine ters çevirin, kâğıdı alın, üzerini temiz bir bezle örtüp soğumaya bırakın.

10 Keki dikkatlice enlemesine üçe bölün. Tırtıklı bir bıçak kullanın ve uzun, geniş vuruşlar yapın.

11 Konserve vişne suyunu kiraz brendisi ile karıştırıp her katmana üçte birini serpin.

12 Ayrı bir kâsede şekil alana dek kremayı çırpın; çok sert olmamalıdır.

13 Bir kat keki servis tabağına alın. Üzerine krema sürüp doğranmış vişnelerin yarısını dizin.

14 İşlemi ikinci kat için de tekrarlayın. Son katı -fırınlanmış yüz üstte- yerleştirip üzerine bastırın.

15 Pastanın yanlarını bir kat krema ile kapatın. Kalan kremayı sıkıcıya doldurun.

16 Rendelenmiş çikolatayı bir spatula ile kremalı yanlara sürün.

17 Kekin etrafına kremadan sarmallarla bir daire yapın ve iç kısmına vişneleri dizin.

18 Servis için rende çikolatanın kırıntılarını sarmalların üzerine paylaştırın.
SAKLAMA Kek üzeri kapatılıp soğutularak 3 güne kadar dayanır.

Kremalı Pasta çeşitleri

Krem Peynirli Alman Turtası

Bu Alman tatlısı cheesecake ile pandispanyanın bir karışımıdır. Önceden hazırlanabildiği için güzel bir parti tatlısıdır.

8–10 KİŞİLİK | 40 DAKİKA | 30 DAKİKA

Soğutma süresi
3 saat veya 1 gece

Özel gereçler
22 cm'lik kelepçeli, yuvarlak kek kalıbı

Malzemeler
150 gr tuzsuz tereyağı, yumuşatılmış veya yumuşak margarin. Biraz da yağlamak için
225 gr toz şeker
3 yumurta
150 gr kendi kabaran un
1 çay kaşığı kabartma tozu
2 limonun ince rendelenmiş kabukları ve suyu. Ayrıca süslemek için bir limonun kabuğu
5 yaprak jelatin
250 ml yağlı krema
250 gr lor peyniri ya da bkz. Fırıncıdan İpucu
Pudra şekeri, üzerine serpmek için

Yapılışı

1 Fırınınızı önceden 180°'de ısıtın. Kalıbı yağlayıp parşömen döşeyin.

2 Tereyağı veya margarinle 150 gr şekeri karıştırın. Yumurtaları teker teker kırıp pürüzsüz ve kremamsı olana dek karıştırın. Unu ve kabartma tozunu birlikte eleyin ve kabukların yarısıyla birlikte hamura ekleyin. Hamuru kalıba kaşıkla aktarın ve iyice kabarana kadar yaklaşık 30 dakika pişirin. Keki çıkarıp bir ızgara telinin üzerine koyun. Tırtıklı bir bıçakla enine iki parçaya bölün. Tamamen soğumasını bekleyin

3 Dolgusu için jelatini bir kâse soğuk suda yumuşayana ve esneyene kadar bekletin. Limon suyunu bir tencerede ısıtın ve ateşten alın. Jelatindeki fazla suyu sıkın ve limon suyuna ekleyin. Eriyene kadar karıştırın ve soğutun.

4 Kremayı sertleşene kadar çırpın. Lor peyniri, kalan kabuklar ve şekerle birlikte çırpın. Limon suyunu ekleyin. Kremaya karıştırın.

5 Dolgu malzemesini kekin yarısına sürün. Diğer yarıyı sekiz parçaya bölüp alttaki kekin üzerine yerleştirin. Üst kattaki keki önceden kesmek servisi kolaylaştırır. En az 3 saat veya 1 gece soğutun. Üzerine pudra şekeri serpin ve limon kabuklarıyla süsleyin.

ÖNCEDEN HAZIRLAMA 3 gün önceden yapılıp buzdolabında saklanabilir.

FIRINCIDAN İPUCU

Lor peyniri bulamazsanız, mutfak robotunda bıçakla çekilip ezme haline getirilmiş az yağlı süzme peynir de kullanabilirsiniz.

Ahududulu Bavyera Keki

Ahududu mevsimi değilse dondurulmuş olarak da kullanabilirsiniz.

8 KİŞİLİK | 55-60 DAKİKA | 20-25 DAKİKA

Soğutma süresi
4 saat

Özel Gereçler
22 cm'lik kelepçeli, yuvarlak kek kalıbı
Blendır

Malzemeler
60 gr tuzsuz tereyağı. Ayrıca biraz da yağlamak için.
125 gr un. Ayrıca biraz da serpmek için
Bir tutam tuz
4 yumurta, çırpılmış
135 gr toz şeker
2 yemek kaşığı Kirsch (kiraz brendisi)

Ahududu kreması için
500 gr ahududu
3 yemek kaşığı Kirsch
200 gr toz şeker
250 ml yağlı krema
1 litre süt
1 vanilya çubuğu, kırılmış veya 2 çay kaşığı vanilya esansı
10 yumurta sarısı
3 yemek kaşığı mısır unu
10 gr toz jelatin

Yapılışı

1 Fırınınızı önceden 220°C'de ısıtın. Kalıbı tereyağı ile yağlayıp tabanına tereyağlanmış parşömen serin. 2-3 yemek kaşığı un serpin. Tereyağını eritip soğumaya bırakın. Unu ve tuzu bir kâseye eleyin. Yumurtaları ayrı bir kâsede şekerle birlikte mikserle 5 dakika çırpın.

2 Unun üçte birini yumurtalı karışımın üzerine eleyip karıştırın. Kalan unu iki partide ilave edin. Tereyağını ekleyip karıştırın. Kalıba döküp 20-25 dakika kabarana dek pişirin.

3 Keki bir ızgara teline ters çevirin. Soğutun. Parşömeni çıkarın. Üstünü ve altını düzgün biçimde tıraşlayın. Keki enine ikiye bölün. Kalıbı yıkayıp, kurulayıp yeniden yağlayın. Kalıbın ortasına bir daire yerleştirip 1 yemek kaşığı Kirsch serpin.

4 Meyvelerin dörtte üçünü blendırda püre haline getirin ve çekirdeklerini çıkarmak için elekten geçirin. 1 yemek kaşığı kirsch ile birlikte 100 gr şeker ekleyin. Kremayı yumuşak tepecikler oluşana kadar çırpın.

5 Sütü bir tencereye koyun. Kullanacaksanız vanilya çubuğunu da ekleyin. Kaynatın. Ateşten alıp kapağını kapatın ve 10-15 dakika sıcak bir yerde bekletin. Çubuğu çıkarın. Sütün dörtte birini ayırın. Kalan şekeri tenceredeki süte ekleyin.

6 Yumurta sarılarını mısır unuyla bir kâsede çırpın. Sıcak sütü ekleyip pürüzsüz olana dek çırpın. Karışımı tencereye geri koyup orta ateşte, karıştırarak kaynama noktasına gelene dek pişirin. Ayırdığınız sütü ve kullanacaksanız vanilya esansını ekleyin.

7 Muhallebiyi iki kâseye eşit olarak paylaştırın. Soğutun. Bir kâseye 1 yemek kaşığı Kirsch karıştırın. Bu muhallebiyi tatlıyı servis ederken kullanmak üzere ayırın. Küçük bir tencerede jelatini 4 yemek kaşığı suya serpiştirip 5 dakika yumuşamasını bekleyin. Jelatin eriyene ve akıcı hale gelene kadar ısıtın. Kirsch katılmamış muhallebiyi ahududu püresiyle karıştırın.

8 Kâseyi buzlu su dolu bir tencereye oturtun. Karışımı koyulaşana kadar karıştırın. Kâseyi sudan alın. Ahududulu muhallebiyi çırpılmış kremaya ekleyin. Yarısını kek kalıbına dökün. Ayırdığınız ahududuları üzerine serpin. Kalan Bavyera kremasını ahududuların üzerine dökün. İkinci kek katının üzerine 1 yemek kaşığı Kirsch serpin.

9 Islatılmış yüzü aşağıda kalacak şekilde kremanın üzerine hafifçe bastırın. Streç filmle kapatıp sertleşene kadar en az 4 saat buzdolabında bekletin. Servis için kalıbın kelepçesini çıkarıp keki bir servis tabağına alın. Üzerini ayırdığınız ahududularla süsleyip Kirsch'li muhallebi sosunun yanında servis edin.

ÖNCEDEN HAZIRLAMA Bu pasta 2 gün önceden yapılıp buzdolabında saklanabilir. Servisten 1 saat önce dolaptan çıkarın.

Bienenstich

Bu Alman tarifinin adı "arı iğnesi" anlamına gelmektedir. Efsaneye göre içindeki bal, fırıncıyı sokan arıları çekermiş.

8–10 KİŞİLİK | 20 DAKİKA | 20–25 DAKİKA

Kabarma süresi
1 saat 5 dk – 1 saat 20 dk

Özel gereçler
20 cm'lik yuvarlak kek kalıbı

Malzemeler
140 gr sade un. Ayrıca biraz da serpmek için
15 gr tuzsuz tereyağı, yumuşatılıp doğranmış. Ayrıca biraz da yağlamak için
½ yemek kaşığı toz şeker
½ çay kaşığı kuru maya
Bir tutam tuz
1 yumurta
Sıvı yağ, yağlamak için

Glaze için
30 gr tereyağı
20 gr toz şeker
1 yemek kaşığı açık renkli bal
1 yemek kaşığı yağlı krema
30 gr file badem
1 çay kaşığı limon suyu

Pasta kreması için
250 ml tam yağlı süt
25 gr mısır unu
2 vanilya çubuğu, uzunlamasına bölünmüş, çekirdekleri çıkarılmış, kabukları ve çekirdekleri saklanmış
60 gr toz şeker
2 yumurta sarısı
25 gr tuzsuz tereyağı, doğranmış

Yapılışı

1 Unu bir kâseye eleyin. İçine hızla tereyağını yedirin, sonra şeker, maya ve tuzu ekleyip iyice karıştırın. Yumurtayı da ilave edip yumuşak bir hamur tutmak için yeterli miktarda su koyun.

2 Unlanmış tezgâhta 5-10 dakika veya hamur pürüzsüz, elastik ve parlak olana dek yoğurun. Temiz, yağlanmış bir kâseye koyup streç filmle kapatın, sıcak bir yerde 45-60 dakika veya iki kat kabarana kadar bekletin.

3 Kek kalıbını yağlayın ve tabanına parşömen serin. Hamuru alıp kalıba sığacak ölçüde yuvarlak olarak açın. Kalıba yerleştirin ve streç filmle kapatın. Kabarması için 20 dakika bekleyin.

4 Jölesi için tereyağını küçük bir tencerede eritin, şeker, bal ve kremayı ekleyin. Şeker eriyene kadar kısık ateşte ısıtın, daha sonra ateşi arttırıp kaynama noktasına getirin. 3 dakika kaynatıp tencereyi ateşten alın ve bademlerle limon suyunu ekleyin. Soğumaya bırakın.

5 Fırınınızı önceden 190°C'de ısıtın. Jöleyi hamurun üzerine dikkatlice yayın, 10 dakika daha kabarmasını bekleyip 20-25 dakika pişirin; eğer çok çabuk kızarırsa üzerine gevşekçe bir folyo kapatın. Kalıpta 30 dakika soğutun. Sonra ızgara teline alın.

6 Bu sırada pasta kremasını hazırlayın. Sütü ağır bir tencereye koyup mısır unu, vanilya çekirdekleri ve çubuğu ile şekerin yarısını ekleyin. Kısık ateşe koyun. Yumurta sarılarını kalan şekerle birlikte bir kâsede çırpın. Çırpmaya devam ederken yavaşça sıcak sütün içine dökün. Tencereye alıp kaynayana kadar çırpın. Sonra ateşten alın.

7 Tencereyi ocaktan alıp hemen buzlu su dolu bir kaba oturtun ve vanilya çubuklarını çıkarın. Sos soğuduktan sonra tereyağını ekleyip pürüzsüz ve parlak olana dek hızlı şekilde çırpın.

8 Keki ikiye bölün. Alttaki yarıya kalın bir kat krema sürün, sonra bademli yarıyı da üzerine oturtup bir servis tabağına alın.

FIRINCIDAN İPUCU

Bu klasik Alman pastası geleneksel olarak aynı bu tarifteki gibi pasta kreması ile doldurulur. Bu, bugünlerde gerçek bir ziyafet olan yumuşak, lüks bir dolgu malzemesidir. Ancak eğer zamanınız kısıtlıysa daha kolay bir seçenek de keki ½ çay kaşığı vanilya esansı katılmış ve çırpılmış yağlı krema ile doldurmaktır.

Kugelhopf

Bu klasik kugelhopf tarifinde koyu renk kuru üzümler ve çekilmiş bademler bulunur. Üzerindeki pudra şekeri içindeki tatlı dolgusunun işareti gibidir.

1 HALKA | 45-50 DAKİKA | 45-50 DAKİKA | 8 HAFTA KADAR

Kabarma süresi
2 – 2½ saat

Özel gereçler
1 litrelik ortası delik kalıp

Malzemeler
150 ml süt
2 yemek kaşığı toz şeker
150 gr tuzsuz tereyağı, doğranmış. Ayrıca biraz da yağlamak için
1 yemek kaşığı kuru maya
500 gr beyaz ekmek unu
1 çay kaşığı tuz
3 yumurta, çırpılmış
90 gr kuru üzüm
60 gr beyazlatılmış badem, doğranmış. Ayrıca 7 adet tam beyazlatılmış badem
Pudra şekeri, üzerine serpmek için

Yapılışı

1 Sütü bir tencerede kaynatın. 4 yemek kaşığını bir kâseye alın ve ılınana kadar bekleyin. Tencerede kalan süte şeker ve tereyağını ekleyin ve eriyene kadar karıştırın. Soğumaya bırakın.

2 Kâsedeki sütün üzerine kuru mayayı serpin ve bir kez karıştırarak maya eriyene kadar, 5 dakika bekletin. Un ve tuzu bir kâseye eleyin ve erimiş mayayı, yumurtaları ve tenceredeki sütlü karışımı üzerine ekleyin.

3 Yavaşça unu ilave ederek diğer malzemelerle karıştırarak pürüzsüz bir hamur tutun. Elastik ve yapışkan olana dek 5-7 dakika yoğurun. Nemli bir mutfak havlusuna sarıp sıcak bir yerde 1 – 1½ saat veya iki kat olana kadar bekletin.

4 Bu sırada kalıbı tereyağıyla yağlayın. Tereyağı katılaşana kadar (yaklaşık 10 dakika) kalıbı buzluğa koyun, sonra bir daha yağlayın. Kuru üzümlerin üzerine kaynar su dökerek açılmalarını sağlayın.

5 Hamurun havasının çıkması için elinizle hafifçe yumruklayın. Kuru üzümlerin suyunu süzün, 7 tanesini ayırarak geri kalanını doğranmış bademlerle birlikte hamura katın. Ayırdığınız üzümlerle bütün bademleri kalıbın tabanına dizin.

6 Hamuru kalıba yerleştirin, bir havlu ile örtün ve sıcak bir yerde 30-40 dakika kadar kalıbın ağzına kadar kabarana dek bekletin. Fırınınızı önceden 190°'de ısıtın.

7 Kugelhopf'u kabarana ve esmerleşene kadar pişirin. Kenarları kalıptan ayrılmaya başlayınca, 45-50 dakika kadar sonra fırından alıp hafifçe ılıtın. Izgara teli üzerine tersyüz edin ve tamamen soğumasını bekleyin. Servisten hemen önce üzerine pudra şekeri serpin.

SAKLAMA Kekiniz hava geçirmez bir kapta 3 gün dayanır.

FIRINCIDAN İPUCU

Kugelhopf'un hamuru çok yapışkandır. Bildiğiniz hamurlar gibi olması için daha fazla un eklemek istemeniz normaldir. Ancak bu fikri aklınızdan çıkarın, çünkü kekinizin sertleşmesine neden olur.

Kestaneli Milföy

Etkileyiciliği kesin olan bu tatlıyı yapması gerçekten çok kolaydır ve 6 saat önceden hazırlanıp soğutulabilir.

8 KİŞİLİK | 2 SAAT | 20–25 DAKİKA

Malzemeler
375 ml süt
4 yumurta sarısı
60 gr toz şeker
3 yemek kaşığı sade un, elenmiş
2 yemek kaşığı sert rom
600 gr hazır milföy hamuru
250 ml yağlı krema
500 gr kestane şekeri, irice ufalanmış
45 gr pudra şekeri. Gerekirse biraz daha fazla.

1 Sütü bir tencerede orta ateşte kaynatın ve kaynayınca ateşten alın.

2 Yumurta sarılarını ve toz şekeri koyulaşana kadar 2-3 dakika çırpın. İçine un ekleyin.

3 Sütü az az yumurtalı karışıma ekleyip pürüzsüz olana dek karıştırın. Temiz bir tencereye alın.

4 Koyulaşana kadar çırparak kaynama noktasına getirin. Ateşi kısıp 2 dakika daha çırpın.

5 Pasta kremasında pütürler oluşursa ateşten alıp tekrar pürüzsüz olana dek çırpın.

6 Soğutup romu ekleyin. Bir kâseye alıp streç filmle kaplayın. 1 saat buzdolabında bekletin.

7 Fırınınızı önceden 200°C'de ısıtın. Bir fırın tepsisinin her yerine soğuk su serperek ıslatın.

8 Hamuru tepsiden birazcık daha büyük, 3 mm kalınlığında bir dikdörtgen olarak açın.

9 Hamuru bir merdaneye dolayın ve tepsiye yayın. Kenarlarından sarkmasına izin verin.

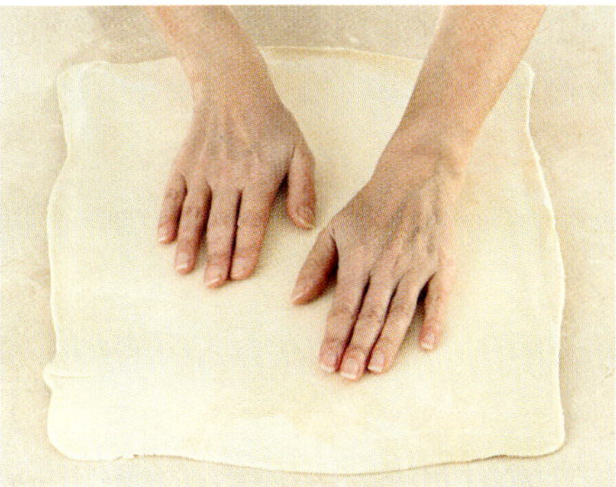

10 Hamuru tepsiye doğru hafifçe bastırın ve sonra 15 dakika soğukta bekletin.

11 Çatalla hamur üzerinde delikler açın. Parşömenle kaplayıp üzerine ızgara teli ile şekil verin.

12 15-20 dakika pişirin. Tepsiyi fırından alıp ters çevirerek hamuru çıkartın.

13 Tepsiyi hamurun altına sokarak tekrar fırına koyun ve 10 dakika daha pişirin.

14 Fırından alıp dikkatlice kesme tahtasının üzerine çıkarın.

15 Hâlâ sıcakken kenarlarını büyük, keskin bir bıçakla düzeltin.

16 Uzunlamasına üç eşit parça halinde kesin. Soğumaya bırakın.

17 Kremayı bir kâseye koyup epey sertleşene kadar çırpın.

18 Büyük bir metal kaşık kullanarak çırpılmış kremayı soğutulmuş pasta kremasına ekleyin.

19 Spatulayla krema karışımının yarısını bir hamur şeridine sürün.

20 Kestane şekerlerinin yarısını dizin. 2. kat için de aynı işlemi tekrarlayıp en üste son katı koyun.

21 Üzerine pudra şekeri eleyin ve tırtıklı bir bıçakla porsiyonlar halinde dilimleyin.

KESTANELİ MİLFÖY

Milföy çeşitleri

Çikolatalı Milföy

Çikolatalı krema ile doldurulmuş ve beyaz çikolata serpintileriyle süslenmiş bu tarif büyük beğeni toplayacaktır.

8 KİŞİLİK | 2 SAAT | 25–30 DAKİKA

Soğutma süresi
1 saat

Malzemeler
Bir miktar hamur kreması, bkz. s. 88, 1'den 5'e kadar olan adımlar
2 yemek kaşığı brendi
600 gr hazır milföy hamuru
375 ml yağlı krema
50 gr siyah çikolata, eritilmiş ve soğutulmuş
30 gr beyaz çikolata, eritilmiş ve soğutulmuş

Yapılışı

1 Kremaya brendiyi karıştırın ve streç filmle kaplayıp 1 saat soğutun. Fırınınızı önceden 200°C'de ısıtın.

2 Bir fırın tepsisini soğuk su serperek ıslatın. Hamuru tepsiden daha büyük bir dikdörtgen şeklinde açın. Kenarları sarkacak şekilde tepsiye alın. Hamuru tepsiye bastırıp 15 dakika soğutun. Her yerini çatalla delin. Parşömenle kaplayıp üzerine ızgara teli ile şekil verin. 15-20 dakika, esmerleşmeye başlayana kadar pişirin. Tepsiyi ters çevirerek hamuru çıkartın. Tepsiyi hamurun altına sokup kaydırarak fırında 10 dakika daha, her iki tarafı da esmerleşene kadar pişirin. Fırından alıp hamuru bir kesme tahtasına kaydırın. Hâlâ sıcakken kenarlarını düzeltin, uzunlamasına üç eşit parçaya kesin. Soğumaya bırakın.

3 Yağlı kremayı sertleşene kadar çırpın. Erimiş siyah çikolata ile birlikte pasta kremasına karıştırın. Üzerini kapatıp soğutun. Kalan erimiş çikolatayı hamur şeritlerinden birine sürün. Donmasını bekleyin.

4 Diğer hamur şeritlerinden birini bir tabağa alın, kremanın yarısını üzerine sürün, kalan hamur şeridini de üzerine yerleştirin ve kremanın kalanını da onun üzerine sürün. Çikolata kaplı şeridi de en üste koyun.

5 Beyaz çikolatayı plastik bir torbanın bir ucuna koyun. Torbanın ağzını döndürüp çikolatayı hapsedin ve torbanın ucunu keserek çikolatanın milföylerin üzerine akmasını sağlayın.

ÖNCEDEN HAZIRLAMA Önceden hazırlanıp 6 saate kadar soğutulabilir.

Vanilyalı Dilimler

Koyu bir muhallebi ve tatlı, lezzetli reçelle hazırlanmış klasik hamurlu sandviçler.

6 KİŞİLİK | 2 SAAT | 25–30 DAKİKA

Soğutma süresi
1 saat

Özel gereçler
İnce uçlu küçük krema sıkıcı

Malzemeler
250 ml yağlı krema
Bir miktar pasta kreması, bkz. s. 88, 1'den 5'e kadar olan adımlar
600 gr hazır milföy hamuru
100 gr pudra şekeri
1 çay kaşığı toz kakao
½ kavanoz çilek veya ahududu reçeli

Yapılışı

1 Yağlı kremayı sertleşene dek çırpın. Pasta kremasına karıştırın ve soğutun. Fırınınızı önceden 200°C'de ısıtın. Bir fırın tepsisini soğuk su serperek ıslatın. Hamuru tepsiden daha büyük bir dikdörtgen olarak açın ve tepsiye yayarak kenarlarını sarkıtın. Hamuru bastırın. 15 dakika soğumaya bırakın.

2 Hamuru çatalla delin. Parşömenle kaplayıp üzerine ızgara teli ile şekil verin. 15-20 dakika esmerleşmeye başlayana kadar pişirin. Tepsiyi ters çevirip hamuru çıkarın. Tepsiyi tekrar hamurun altına sokup fırında 10 dakika daha, iki tarafı da kızarana kadar pişirin. Fırından alıp bir kesme tahtasına kaydırın. Hâlâ sıcakken 5 x 10 cm'lik dilimler halinde kesin.

3 Üzerine serpmek için pudra şekerini 1-1½ yemek kaşığı soğuk su ile karıştırın. Bu karışımdan 2 yemek kaşığını küçük bir miktar çikolatalı süsleme yapmak için kakaoyla karıştırın. Bunu ince uçlu bir krema sıkıcıya koyun. Hamur dilimlerinin üçte birini alın ve üzerlerine beyaz kaplamadan serpin. Kaplama ıslakken çikolatalı kaplama malzemesi ile yatay çizgiler yapın, sonra bir şişi sürükleyerek dikey çizgiler oluşturun ve çizgili bir efekt yaratın. Bırakın kurusun.

4 Kalan hamur dilimlerine ince birer kat reçel sürün. Reçelin üstüne 1 cm kalınlığında hamur kreması sürün ve bıçakla kenarlarını düzeltin.

5 Vanilya dilimlerini bir araya getirmek için bir parça reçelli ve hamur kremalı dilimi alıp bir başka dilimin üzerine kapatın. İki hamuru hafifçe birbirine bastırın ve en üste üçüncü bir kat kaplamalı hamur koyun.

ÖNCEDEN HAZIRLAMA Önceden hazırlanıp 6 saate kadar soğutulabilir.

Yaz Meyveli Milföy

Açık büfe masasında veya bahçedeki bir çay partisinde güzel ve iştah açıcı.

8 KİŞİLİK | 2 SAAT | 25-30 DAKİKA

Soğutma süresi
1 saat

Malzemeler
Bir miktar hamur kreması, bkz. s. 88, 1'den 5'e kadar olan adımlar
600 gr hazır milföy hamuru
250 ml yağlı krema
400 gr karışık yaz meyveleri (doğranmış çilek veya ahududu gibi)
Pudra şekeri, üzerine serpmek için

Yapılışı

1 Fırınınızı önceden 200°C'de ısıtın. Bir fırın tepsisini soğuk su serperek ıslatın. Hamuru 3 mm kalınlığında, tepsiden büyük bir dikdörtgen olarak açın. Hamuru merdaneye sardıktan sonra kenarlarından sarkacak şekilde fırın tepsisine serin. Hamuru bastırın. 15 dakika kadar soğutun.

Hamuru çatalla delin. Parşömenle kapatıp üzerine bir ızgara teli yerleştirin. Esmerleşmeye başlayana kadar 15-20 dakika pişirin. Tepsiyi ters çevirerek hamuru çıkartın. Tepsiyi hamurun altına sokarak tekrar fırına koyun ve iki tarafı da kızarana dek, 10 dakika daha pişirin. Fırından kesme tahtasına çıkarın. Hâlâ sıcakken kenarlarını düzeltin. Boylamasına üç eşit şerit halinde kesin. Soğutun.

2 Yağlı kremayı sertleşene kadar çırpın. Pasta kremasına karıştırın. Bir hamur şeridine kremanın yarısını sürün ve meyvelerin yarısını yayın. Diğer şeritle de aynı işlemi tekrarlayıp iki kat yapın. En üste sonuncu şeridi koyup hafifçe bastırın. Milföylerin üzerine kalın bir tabaka pudra şekeri serpin.

ÖNCEDEN HAZIRLAMA Önceden hazırlanıp 6 saate kadar soğutulabilir.

FIRINCIDAN İPUCU

Hamurları bir araya getirme sanatında ustalaştıktan sonra milföylerle sınırsız çeşitleme yapılabilir: Açık büfenin ortasına, etkileyici büyük bir parça olarak veya bir ikindi çayı için tercih ettiğiniz dolgu malzemeleriyle ayrı porsiyonlar halinde hazırlanabilir.

küçük kekler

Vanilya Kremalı Kap Kekler

Kap kekler tek parça keklerden daha yoğundur, bu da onların daha süslü kaplamalar taşıyabilmesini sağlar.

24 KİŞİLİK | 20 DAKİKA | 20-25 DAKİKA | 4 HAFTA KAPLAMASIZ

Özel gereçler

2 adet 12 çukurlu kap kek kalıbı
Yıldız uçlu krema sıkıcı (arzuya bağlı)

Malzemeler

200 gr sade un, elenmiş
2 çay kaşığı kabartma tozu
200 gr toz şeker
½ çay kaşığı tuz
100 gr tuzsuz tereyağı, yumuşatılmış
3 yumurta
150 ml süt
1 çay kaşığı vanilya esansı

Kaplama için

200 gr pudra şekeri
1 çay kaşığı vanilya esansı
100 gr tuzsuz tereyağı, yumuşatılmış
Şeker, üzerine serpmek için (arzuya bağlı)

1 Fırınınızı önceden 180°C'de ısıtın. İlk 5 malzemeyi bir kâseye koyun.

2 Ekmek kırıntısı halini alana kadar parmak uçlarınızla karıştırın.

3 Başka bir kâsede yumurtaları, sütü ve vanilya esansını iyice karışana kadar çırpın.

4 Yumurtalı karışımı, sürekli çırparak azar azar kuru malzemelerin üzerine dökün.

5 Pürüzsüz hale gelene kadar hafifçe çırpın. Fazla çırpmak kekleri sertleştirir.

6 Kalıplara daha kolay dökebilmek için kek hamurunun hepsini bir sürahiye doldurun.

7 Kap kek kalıbındaki çukurlara kâğıt kalıplar yerleştirin.

8 Kek karışımını dikkatlice kâğıtlara dökün, her birini yarıya kadar doldurun.

9 Önceden ısıtılmış fırında 20-25 dakika keklerin üstü esnek olana dek pişirin.

10 Bir keke şiş batırarak keklerin pişip pişmediğini kontrol edin.

11 Eğer şişin üstünde hamur kalıyorsa bir dakika daha pişirin ve yeniden kontrol edin.

12 Birkaç dakika beklettikten sonra soğumaları için ızgara telinin üzerine çıkarın.

13 Kaplamayı yapmak için pudra şekerini, vanilya esansını ve tereyağını bir kâsede karıştırın.

14 Mikserle açık renk ve kabarık olana kadar 5 dakika çırpın.

15 Keklerin tamamen soğuduklarından emin olun, aksi halde kaplamayı eritirler.

16 Eğer elinizle yapıyorsanız, 1 çay kaşığı kaplama malzemesini her kekin üzerine yerleştirin.

17 Sonra sıcak suya batırdığınız kaşığın tersini kullanarak üstünü düzeltin.

Sıkıcıyla yerleştirmek için -profesyonel görünür- kaplamayı krema sıkıcıya aktarın.

Bir elinizle kaplamayı sıkarken diğer elinizle keki tutun.

Kaplamayı kenarlardan başlayarak ortada bir zirve oluşturacak şekilde spiral şeklinde sıkın.

18 Şekerle süsleyin. **SAKLAMA** Kekler hava geçirmez bir kapta 3 gün dayanır.

Kap Kek çeşitleri

Çikolatalı Kap Kekler

Klasik çikolatalı kap kekler de bir başka olmazsa olmaz tariftir. Çocuk partilerinin garantili şampiyonu!

24 KİŞİLİK | 20 DAKİKA | 20-25 DAKİKA | 4 HAFTA KAPLAMASIZ

Özel gereçler
2 adet 12 çukurlu kap kek kalıbı
Krema sıkıcı ve yıldız uç (arzuya bağlı)

Malzemeler
200 gr sade un
2 çay kaşığı kabartma tozu
4 yemek kaşığı toz kakao
200 gr toz şeker
½ çay kaşığı tuz
100 gr tuzsuz tereyağı, yumuşatılmış
3 yumurta
150 ml süt
1 çay kaşığı vanilya esansı
1 yemek kaşığı süzme yoğurt

Kaplama için
100 gr tuzsuz tereyağı, yumuşatılmış
175 gr pudra şekeri
25 gr toz kakao

Yapılışı

1 Fırınınızı önceden 180°C'de ısıtın. Unu, kabartma tozunu ve kakaoyu bir kâseye eleyin. Şeker, tuz ve tereyağını ekleyin. Ekmek kırıntısı görünümü alana dek karıştırın. Bir kâsede yumurtaları, sütü, vanilya esansını ve yoğurdu iyice karışana dek çırpın.

2 Yumurtalı karışımı yavaşça una ekleyin. Pürüzsüz olana dek hafifçe çırpın. Kek kalıbına kap kek kâğıtlarını yerleştirin. Kek karışımını dikkatlice kâğıtlara dökün, her birini yarısına kadar doldurun.

3 Hafifçe renk değiştirene ve üstleri esnekleşene kadar 20-25 dakika pişirin. Birkaç dakika bekletip tamamen soğumaları için ızgara telinin üzerine çıkartın.

4 Kaplaması için tereyağını, pudra şekerini ve toz kakaoyu pürüzsüz olana dek karıştırın.

5 Kaplamaları yerleştirip sıcak suya batırılmış kaşığın tersiyle üstlerini düzeltin veya bir krema sıkıcıya doldurup keklerin üzerine sıkın.

SAKLAMA Kap kekleriniz hava geçirmez bir kapta 3 gün dayanır.

Limonlu Kap Kekle

Lezzetini artırmak için kap kek hamurun limonla tatlandırmayı deneyin.

24 KİŞİLİK | 20 DAKİKA | 20-25 DAKİKA | 4 HAFTA KAPLAMASIZ

Özel gereçler
2 adet 12 çukurlu kap kek kalıbı
Krema sıkıcı ve yıldız uç (arzuya bağlı)

Malzemeler
200 gr sade un
2 çay kaşığı kabartma tozu
200 gr toz şeker
½ çay kaşığı tuz
100 gr tuzsuz tereyağı, yumuşatılmış
3 yumurta
150 ml süt
1 limonun ince rendelenmiş kabuğu ve suyu

Kaplama için
200 gr pudra şekeri
100 gr tuzsuz tereyağı, yumuşatılmış

Yapılışı

1 Fırınınızı önceden 180°C'de ısıtın. Un ve kabartma tozunu bir kâseye eleyin. Şeker, tuz ve tereyağını ekleyin. Ekmek kırıntısı görünümü alana dek karıştırın. Bir kâsede yumurtalarla sütü iyice karışana dek çırpın.

2 Yumurtalı karışımı una döküp karıştırın. Limon kabuklarının yarısıyla limon suyunun tamamını ekleyin. Pürüzsüz olana dek çırpın. Kek kalıbına kap kek kâğıtlarını yerleştirin. Her kâğıdı yarısına kadar hamur doldurun. Esnek olana kadar 20-25 dakika pişirin. Tamamen soğutun.

3 Kaplamayı yapmak için pudra şekerini tereyağı ile çırpıp kalan limon kabuklarını ekleyerek pürüzsüz hale getirin. Kaplamayı keklerin üzerlerine çay kaşığı ile veya krema sıkıcının yıldız ucuyla koyabilirsiniz.

SAKLAMA Kap kekleriniz hava geçirmez bir kapta 3 gün duracaktır.

FIRINCIDAN İPUCU
Yoğun dokuları nedeniyle bu klasik Amerikan kap kekleri tazeliklerini birkaç gün korur. İyi kabarmalarını istiyorsanız sade un yerine kendi kabaran un kullanabilirsiniz ama o zaman kabartma tozunu 1 çay kaşığına indirmelisiniz.

Kahveli ve Cevizli Kap Kekler

Kahve ve krema, yetişkinler için olan bu kap keklere derinlik kazandırıyor.

24 KİŞİLİK | 20 DAKİKA | 20–25 DAKİKA | 4 HAFTA KAPLAMASIZ

Özel gereçler
2 adet 12 çukurlu kap kek kalıbı
Krema sıkıcı ve yıldız uç (arzuya bağlı)

Malzemeler
200 gr sade un. Ayrıca biraz da unlamak için
2 çay kaşığı kabartma tozu
200 gr toz şeker
½ çay kaşığı tuz
100 gr tuzsuz tereyağı, yumuşatılmış
3 yumurta
150 ml süt
1 yemek kaşığı kaynar suyla karıştırılmış 1 yemek kaşığı toz kahve, soğutulmuş veya 1 soğutulmuş espresso
100 gr yarıya bölünmüş ceviz. Ayrıca biraz da süslemek için

Kaplama için
200 gr pudra şekeri
100 gr tuzsuz tereyağı, yumuşatılmış
1 çay kaşığı vanilya esansı

Yapılışı

1 Fırınınızı önceden 180°C'de ısıtın. Un ve kabartma tozunu bir kâseye eleyin. Şeker, tuz ve tereyağını ekleyin. Ekmek kırıntısı görünümü alana dek karıştırın. Başka bir kâsede yumurtalarla sütü iyice karışana dek çırpın.

2 Yumurtalı karışımı una dökün, kahvenin yarısını da ekleyin ve pürüzsüz olana dek çırpın. Cevizleri kabaca kırın ve biraz unla bir kâsede karıştırıp hamura ekleyin. Kap kek kâğıtlarını kalıba yerleştirin. Karışımı kâğıtlara dökün, her birini yarısına kadar doldurun. Esnek hale gelene dek 20-25 dakika pişirin ve tamamen soğutun.

3 Kaplamayı yapmak için pudra şekeri, tereyağı, vanilya esansı ve kalan kahveyi pürüzsüz olana dek karıştırın. Çay kaşığıyla veya yıldız uçlu krema sıkıcıyla kaplamayı keklere sürün. Her kekin üzerine yarım ceviz yerleştirin.

SAKLAMA Kap kekler hava geçirmez bir kapta 3 gün dayanır.

Fondanlı Fanteziler

Boyutları sevimli, görünümleri harika ve lezzetleri enfes bu küçük kekler bir parti veya özel bir çay saati ikramlığı olarak mükemmeldirler.

16 KİŞİLİK | 20–25 DAKİKA | 25 DAKİKA

Özel gereçler
20 cm'lik kare kek kalıbı

Malzemeler
175 gr tuzsuz tereyağı, yumuşatılmış. Ayrıca biraz yağlamak için
175 gr toz şeker
3 büyük yumurta
1 çay kaşığı vanilya esansı
175 gr kendi kabaran un, elenmiş
2 yemek kaşığı süt
2-3 yemek kaşığı ahududu veya kırmızı kiraz konservesi

Tereyağlı krema için
75 gr tuzsuz tereyağı, yumuşatılmış
150 gr pudra şekeri

Kaplama için
½ limonun suyu
450 gr pudra şekeri
1-2 damla pembe doğal gıda boyası
Kaplama çiçekleri, süslemek için (arzuya bağlı)

Yapılışı

1 Fırınınızı önceden 190°C'de ısıtın. Kalıbı yağlayın ve tabanına parşömen serin. Tereyağı ve şekeri büyük bir kâsede açık renk ve kabarık olana kadar çırpın. Bir kenara ayırın.

2 Yumurtaları ve vanilya esansını başka bir kâsede hafifçe çırpın. Yumurtalı karışımın yaklaşık dörtte birini ve 1 yemek kaşığı unu, tereyağlı karışıma ekleyin ve iyice çırpın. Yumurtalı karışımın kalanını azar azar, çırpmaya devam ederek ekleyin. Kalan un ve sütü de ilave edip karıştırın.

3 Karışımı hazırlanmış kalıba dökün ve fırının ortasında 25 dakika kadar veya hafifçe esmerleşip esnekleşene kadar pişirin. Fırından alın, kalıpta 10 dakika ılıttıktan sonra ızgara telin üzerine tersyüz edin. Parşömeni çıkarın.

4 Tereyağlı kremayı yapmak için tereyağını pudra şekeriyle karıştırın. Kenara ayırın. Keki tırtıklı bir bıçakla yatay olarak ikiye ayırın. Meyve konservesinin yarısını bir yarının, kremayı da diğerinin üzerine yayın. İki yarıyı sandviç gibi kapattıktan sonra keki eşit biçimde 16 parça halinde kesin.

5 Kaplamayı yapmak için limon suyunu bir ölçme kabına koyup 60 ml sıcak suyla doldurun. Bunu, sürekli karıştırıp gerekirse daha fazla sıcak su ekleyerek pürüzsüz hale gelene kadar pudra şekeriyle karıştırın. Pembe gıda boyasını ekleyip iyice karıştırın.

6 Bir spatulayla kekleri ızgara telinden bir kesme tahtasına veya tabağa alın (damlayan sosların görüntüyü bozmaması için). Kaplamayı ister keklerin tümünü kaplayacak şekilde ister üzerlerinden akıp keki de gösterecek şekilde dökün. Arzuya göre kaplama çiçekleriyle süsleyin, sonra 15 dakika kadar dinlendirin. Temiz bir spatula kullanarak kekleri teker teker dikkatlice birer kâğıt kalıba alın.

SAKLAMA Kekleriniz buzdolabında 1 gün dayanır.

FIRINCIDAN İPUCU

Çikolatalı versiyonu için doldurulmuş kareleri iyice soğutup her birine bir kokteyl kürdanı batırın. Kürdandan tutarak bir kap eritilmiş sütsüz çikolataya (250 gr) batırıp süzülmeleri için bir ızgara teline alın. Donduklarında tezat bir desen yaratmak için üzerlerine eritilmiş beyaz çikolata (50 gr) akıtın.

Çikolata Şekerlemeli Kek Topları

Yeni olmazsa olmaz kekler ABD'den geliyor. Yapılmaları kolay olmasının yanında hazır veya kalmış kekler de kullanılabilir.

20–25 KİŞİLİK | 35 DAKİKA | 25 DAKİKA | 4 HAFTA SOSSUZ

Soğutma süresi
3 saat veya 30 dakika dondurarak

Özel gereçler
18 cm'lik yuvarlak kek kalıbı
Bıçak aparatlı mutfak robotu

Malzemeler
- 100 gr tuzsuz tereyağı, yumuşatılmış, veya yumuşak margarin. Ayrıca biraz da yağlamak için
- 100 gr toz şeker
- 2 yumurta
- 80 gr kendi kabaran un
- 20 gr toz kakao
- 1 çay kaşığı kabartma tozu
- 1 yemek kaşığı süt, gerekirse biraz daha
- 150 gr keklerin üzerine koymak için hazır çikolata şekerlemesi (veya Çikolata Şekerlemeli Kek kaplaması kullanılabilirsiniz; bkz. s. 46)
- 250 gr siyah çikolatalı kek kaplaması
- 50 gr beyaz çikolata

1 Fırınınızı önceden 180°C'de ısıtın. Kalıbı yağlayıp parşömen serin.

2 Tereyağı ve şekeri kabarana kadar mikserle çırpın.

3 Yumurtaları, aralarda iyice çırparak teker teker kırın. Pürüzsüz ve kremamsı bir kıvama getirin.

4 Un, kakao ve kabartma tozunu birlikte eleyip kek hamuruna ekleyin.

5 Hamuru damlama kıvamına gelecek kadar sulandırmak için yeteri miktarda süt ekleyin.

6 Kaşıkla kalıba aktarıp yüzeyi esnekleşene kadar 25 dakika pişirin.

7 Bir şişle test edin ve tamamen soğuması için ızgara teline alın.

8 Keki ekmek kırıntısı halini alana kadar robotta çekin. 300 gr'ını bir kâseye koyun.

9 Hazır çikolata şekerlemesini üzerine ekleyin ve iyice yedirene kadar karıştırın.

10 Kuru ellerinizle kek karışımından yuvarlayıp ceviz büyüklüğünde toplar yapın.

11 Topları sertleşmeleri için 3 saat buzdolabında veya 30 dakika dondurucuda bekletin.

12 İki tepsiye parşömen serin. Kek kaplamasını paketin üzerindeki talimatlara göre eritin.

13 Topları çikolatayla kaplayın. Kekler dağılmaya başlarsa her seferde yalnız birini kaplayın.

14 İki çatalla topları tamamen kaplanana kadar çikolatada çevirin. Fazlasını damlatarak çıkartın.

15 Kek toplarını kurumaları için fırın tepsilerine alın. Tüm topları kaplamaya devam edin.

16 Beyaz çikolatayı kaynayan su dolu bir tencerenin üzerine oturtulmuş bir kâsede eritin.

17 Beyaz çikolatayı bir kaşıkla kek toplarının üzerine akıtın.

18 Kek toplarını servis tabağına almadan, beyaz çikolatanın tamamen kuruduğundan emin olun. **SAKLAMA** Kek topları hava geçirmez bir kapta 3 gün dayanır.

Kek Topları çeşitleri

Çilekli ve Kremalı Kek Lokmaları

Bu, bir çocuk partisinde servis edilecek çok etkileyici bir ikram. Bir doğumgünü pastasının tümünü bile onlarla süsleyebilirsiniz.

20–25 KİŞİLİK | 20 DAKİKA | 25 DAKİKA | 4 HAFTA SOSSUZ

Soğutma süresi
3 saat veya 30 dakika dondurarak

Özel gereçler
18 cm'lik yuvarlak kek kalıbı
Bıçak aparatlı mutfak robotu
25 parça bambu çubuk, lolipop çubukları gibi yaklaşık 10'ar cm uzunluğunda kesilmiş

Malzemeler
100 gr tuzsuz tereyağı, yumuşatılmış veya yumuşak margarin. Ayrıca biraz da yağlamak için
100 gr toz şeker
2 yumurta
100 gr kendi kabaran un
1 çay kaşığı kabartma tozu
150 gr hazır tereyağı kreması kaplaması veya bkz. vanilyalı tereyağı kreması, s. 109, 13'ten 15'e kadar olan adımlar
2 yemek kaşığı kaliteli çilek reçeli
250 gr beyaz çikolatalı kek kaplaması

Yapılışı

1 Fırınınızı önceden 180°C'de ısıtın. Kalıbı yağlayıp parşömen döşeyin. Tereyağı veya margarinle şekeri karıştırın. Yumurtaları teker teker kırarak karışım pürüzsüz olana dek karıştırın. Unu ve kabartma tozunu birlikte eleyin ve hamura karıştırın.

2 Hamuru kalıba dökün ve 25 dakika yüzeyi esnekleşene kadar pişirin. Soğuması için bir ızgara teline çıkarın. Parşömeni atın.

3 Kek soğuyunca ekmek kırıntısı görünümü alana dek robottan geçirin. 300 gr'ını tartıp bir kâseye koyun. Kek kaplaması ve reçeli ekleyip iyice karıştırın. Kuru ellerinizle ceviz büyüklüğünde toplar yapın. Topları bir tabağa koyup her birine bir çubuk geçirin. 3 saat buzdolabında veya 30 dakika dondurucuda bekletin. İki tepsiye parşömen döşeyin.

4 Kek kaplamasını kaynayan su dolu bir tencerenin üzerine yerleştirdiğiniz bir kâsede eritin. Soğuyan topları teker teker erimiş çikolataya batırın, çubuğa kadar tamamen kaplanmaları için çevirin.

5 Yavaşça çikolatalı karışımdan alıp kurumaları için tepsilere aktarmadan önce fazla çikolatalarını kâseye damlatın. Lokmalar aynı gün tüketilmelidir.

FIRINCIDAN İPUCU

Toplarınızın pürüzsüz, yuvarlak olmaları için bir elmayı yarıya bölüp kesilmiş yüzeyleri fırın tepsilerine değecek şekilde yerleştirin. Kek lokmalarını çikolataya batırıp bambu çubuklarını elmaya saplayın. Bu kek lokmalarının yüzeylerinde hiçbir iz kalmadan kuruyabilmelerini sağlayacaktır.

Noel Keki Topları

Bu sevimli küçük kekleri Noel partilerinde ikram etmeyi çok seviyorum. Noel kekinden kalanları değerlendirmek için kolay ve lezzetli bir yol.

15–20 KİŞİLİK | 20 DAKİKA | 25 DAKİKA | 4 HAFTA SOSLU

Soğutma süresi
3 saat veya 30 dakika dondurarak

Özel gereçler
Bıçak aparatlı mutfak robotu

Malzemeler
400 gr kalmış Noel keki veya erikli tatlı, bkz. s. 72
200 gr siyah çikolatalı kek kaplaması
50 gr beyaz çikolatalı kek kaplaması
Kiraz ve melekotu şekerlemeleri

Yapılışı

1 Noel kekini tamamen ufalanana kadar robotta çekin. Kuru ellerinizle ceviz büyüklüğünde toplar yapın. Topları bir tabağa koyup serteleşmeleri için buzdolabında 3 saat veya dondurucuda 30 dakika bekletin.

2 İki fırın tepsisine parşömen döşeyin. Mikrodalga fırına girebilecek küçük bir kâsede siyah çikolatalı kek kaplamasını eriyecek ama kaynamayacak kadar, 30 saniye–2 dakika arası ısıtın. Veya hafifçe kaynayan su dolu bir tencerenin üzerine koyacağınız ısıya dayanıklı küçük bir kâsede eritin.

3 Topları buzdolabından her partide birkaç tane olmak üzere alın. Erimiş çikolataya batırın, tamamen kaplanana kadar iki çatal yardımıyla çevirin. Çikolatalı karışımdan alıp kurumaları için tepsilere dizin.

4 Tüm toplar kaplanana kadar işleme devam edin. Bu aşamada hızlı çalışmalısınız çünkü çikolata çabucak sertleşebilir ve kek topları da sıcak çikolatada çok kalırsa parçalanabilirler.

5 Beyaz çikolatalı kek kaplamasını da yukarıdaki şekilde eritin. Bir çay kaşığı yardımıyla Noel keki toplarının üzerine, görünümleri kaplamalar damlıyor veya kar yağmış gibi görünecek şekilde akıtın. Beyaz çikolata kenarlardan akmalı ama siyah çikolatayı tamamen kapatmamalıdır.

6 Eğer çok iddialıysanız kiraz ve melekotu şekerlemelerini ince kıyarak kutsal yapraklar ve meyveleri sembolize edecek şekilde hâlâ erimiş halde olan beyaz çikolatanın üzerine yapıştırın. Topları beyaz çikolata sertleşene kadar bekletin.

SAKLAMA Kek topları buzdolabında 5 gün dayanır.

Beyaz Çikolatalı ve Hindistancevizli Kartopları

Bu toplar kanape olarak ikram edilebilecek kadar sofistikedirler.

25–30 KİŞİLİK | 40 DAKİKA | 25 DAKİKA | 4 HAFTA SOSLU

Soğutma süresi
3 saat veya dondurucuda 30 dakika

Özel gereçler
18 cm'lik yuvarlak kek kalıbı
Bıçak aparatlı mutfak robotu

Malzemeler
100 gr tuzsuz tereyağı, yumuşatılmış veya yumuşak margarin. Ayrıca biraz da yağlamak için
100 gr toz şeker
2 yumurta
100 gr kendi kabaran un
1 çay kaşığı kabartma tozu
225 gr hazır tereyağı kreması kaplaması veya bkz. vanilyalı tereyağı kreması, sayfa 109, 13'ten 15'e kadar olan adımlar
225 gr kurutulmuş hindistancevizi
250 gr beyaz çikolatalı kek kaplaması

Yapılışı

1 Fırınınızı önceden 180°C'de ısıtın. Kalıbı yağlayıp parşömenle kaplayın. Tereyağı veya margarini şekerle açık renk ve kabarık olana dek çırpın. Yumurtaları, aralarda iyice çırparak teker teker kırın. Unla kabartma tozunu birlikte eleyip kek hamuruna ekleyin.

2 Hamuru kalıba dökün ve 25 dakika pişirin. Soğuması için ızgara teline alın. Parşömeni çıkarın.

3 Kek soğuyunca ekmek kırıntısı görünümü alana dek robotta çekin. 300 gr'ını tartıp bir kâseye alın. Kaplamayı ve 75 gr kurutulmuş hindistancevizini ekleyip karıştırın.

4 Kuru ellerinizle ceviz büyüklüğünde toplar yapın. Buzdolabında 3 saat veya dondurucuda 30 dakika bekletin. İki tepsiye parşömen yayın ve kalan hindistancevizini bir tabağa koyun.

5 Kek kaplamasını hafifçe kaynayan su dolu bir tencerenin üzerine yerleştirdiğiniz bir kâsede eritin. Soğutulmuş kek toplarını teker teker çikolatalı karışıma batırın, iki çatal yardımıyla çevirip tamamının kaplanmasını sağlayın.

6 Topları hindistancevizi tabağına alın. Hindistancevizine bulayıp kurumaları için tepsiye geçirin. Hızlı çalışmanız gerekir çünkü çikolata çabucak sertleşebilir ve toplar çikolatada uzun süre bırakılırsa parçalanabilirler.

SAKLAMA Kek topları hava geçirmez bir kapta 2 gün dayanır.

Şişko Paylar

Hızla bir modern klasik olmaya giden şişko paylar, çok sayıda konuğu memnun etmenin kolay ve hızlı bir yolu.

10 PAY | 40 DAKİKA | 12 DAKİKA | 4 HAFTA İÇSİZ

Malzemeler
175 gr tuzsuz tereyağı, yumuşatılmış
150 gr yumuşak, light esmer şeker
1 büyük yumurta
1 çay kaşığı vanilya esansı
225 gr kendi kabaran un
75 gr toz kakao
1 çay kaşığı kabartma tozu
150 ml tam yağlı süt
2 yemek kaşığı süzme yoğurt veya koyu sade yoğurt

Vanilyalı tereyağı kreması için
100 gr tuzsuz tereyağı, yumuşatılmış
200 gr pudra şekeri
2 çay kaşığı vanilya esansı
2 çay kaşığı süt, gerekirse daha fazla

Süslemek için
Beyaz ve siyah çikolata
200 gr pudra şekeri

1 Fırınınızı önceden 180°C'de ısıtın. Birkaç fırın tepsisini parşömenle döşeyin.

2 Tereyağı ve esmer şekeri mikserle hafif ve kabarık hale gelene kadar çırpın.

3 Krema karışımına yumurta ve vanilya esansını da ekleyip karıştırın.

4 Topaklanmayı önlemek için yumurtayı iyice yedirin. Hamur pürüzsüz görünmelidir.

5 Başka bir büyük kâseye un, kakao ve kabartma tozunu birlikte eleyin.

6 Kuru malzemelerden bir kaşığı kek hamuruna yavaşça karıştırın.

7 Biraz süt ilave edip karıştırın. Sütün ve kuru malzemelerin hepsi karışana dek devam edin.

8 Koyu yoğurdu iyice karıştırarak ilave edin, bu payların ıslak olmalarını sağlayacaktır.

9 Parşömenli tepsilere karışımdan tepeleme kaşıklarla 20 adet topak yerleştirin.

10 Hamurlar arasında yeterli mesafe bırakın çünkü her biri 8 cm'ye kadar genişleyecektir.

11 Temiz bir yemek kaşığını ılık suya batırıp topakların üstlerini düzeltin.

12 Batırdığınız şiş temiz çıkana dek yaklaşık 12 dakika pişirin. Izgara telinin üzerinde soğutun.

13 Tahta bir kaşık kullanarak süt dışındaki tereyağlı krema malzemelerini karıştırın.

14 Karışımı mikserle hafif ve kabarık olana dek 5 dakika çırpın.

15 Karışım sert gibi görünüyorsa kremanın sürülebilir hale gelmesi için biraz daha süt ekleyin.

16 Keklerin yarısının düz olan taraflarına birer yemek kaşığı tereyağlı krema sürün.

17 Kremalı ve kremasız kekleri üst üste sandviç yapıp hafifçe bastırarak payları oluşturun.

18 Süslemek için beyaz ve siyah çikolatayı sebze soyucusuyla soyun.

19 Pudra şekerini 1-2 yemek kaşığı suyla bir kâsede karıştırıp koyu bir ezme yapın.

20 Bu kaplamayı her payın üzerine kaşıkla eşit miktarda sürün.

21 Çikolata talaşlarını hafifçe bastırarak yapıştırın. **SAKLAMA** 2 gün dayanır.

Şişko Pay çeşitleri

Yerfıstığı Ezmeli Şişko Paylar

Tatlı, tuzlu ve kremalı olan bu paylar bağımlılık yapabilir.

10 PAY | 40 DAKİKA | 12 DAKİKA | 4 HAFTA İÇSİZ

Malzemeler

175 gr tuzsuz tereyağı, yumuşatılmış
150 gr yumuşak, light esmer şeker
1 büyük yumurta
1 çay kaşığı vanilya esansı
225 gr kendi kabaran un
75 gr toz kakao
1 çay kaşığı kabartma tozu
150 ml tam yağlı süt. Ayrıca biraz da dolgu için
2 yemek kaşığı süzme yoğurt veya koyu, sade yoğurt
50 gr krem peynir
50 gr topaksız fıstık ezmesi
200 gr pudra şekeri, elenmiş

Yapılışı

1 Fırınınızı önceden 180°C'de ısıtın. Birkaç büyük fırın tepsisini parşömenle kaplayın. Tereyağı ve şekeri bir kâseye koyup kabarana kadar karıştırın. İçine yumurta ve vanilya esansını da ekleyin.

2 Başka bir kâseye un, kakao ve kabartma tozunu eleyin. Kuru malzemeleri ve sütü hamura kaşık kaşık yedirin. Yoğurdu da ekleyin.

3 Tepeleme kaşıkla aldığınız hamurları tepsilere, aralarında yeterli yer bırakarak yerleştirin. Bir yemek kaşığını ılık suya batırarak tersiyle payların üstlerini düzeltin. İyice kabarana kadar 12 dakika pişirin. Izgara teline alıp soğumalarını bekleyin.

4 Dolgusu için krem peyniri fıstık ezmesiyle pürüzsüz olana kadar karıştırın. Şekeri de ekleyerek gerekirse biraz sütle birlikte sürülebilir kıvama getirin. Keklerin yarısının düz taraflarına sürün. Krema sürmediğiniz keklerle sandviç haline getirin.

SAKLAMA Şişko paylar buzdolabında 1 gün dayanır.

Çikolatalı Portakallı Şişko Paylar

Zengin, siyah çikolatanın portakalın lezzetli ve keskin tadıyla birleşimi klasik bir reçetedir ve bu tarifteki küçük lezzetli keklerde sınırsızca yararlanılmıştır.

10 PAY | 40 DAKİKA | 12 DAKİKA | 4 HAFTA DONMUŞ

Malzemeler

275 gr tuzsuz tereyağı, yumuşatılmış
150 gr yumuşak, light esmer şeker
1 büyük yumurta
2 çay kaşığı vanilya esansı
1 portakalın ince rendelenmiş kabuğu ve suyu
225 gr kendi kabaran un
75 gr toz kakao
1 çay kaşığı kabartma tozu
150 ml tam yağlı süt veya kreması alınmış süt
2 yemek kaşığı süzme yoğurt veya koyu, sade yoğurt
200 gr pudra şekeri

Yapılışı

1 Fırınınızı önceden 180°C'de ısıtın. Birkaç büyük fırın tepsisini parşömenle kaplayın. 175 gr tereyağı ve esmer şekeri kabarana kadar çırpın. Yumurtayı ve 1 çay kaşığı vanilyayı, ardından da portakal kabuğunu ekleyin. Bir kâseye un, kakao ve kabartma tozunu eleyin. Kuru malzemeleri ve sütü sırayla hamura karıştırın. Yoğurdu da ekleyin.

2 Tepeleme kaşıkla aldığınız hamurları tepsilere, aralarında yeterli yer bırakarak yerleştirin. Bir yemek kaşığını ılık suya batırarak tersiyle payların üstlerini düzeltin. İyice kabarana kadar 12 dakika pişirin. Biraz beklettikten sonra ızgara teline alıp soğutun.

3 Tereyağı kreması için kalan tereyağını, pudra şekerini, 1 çay kaşığı vanilya esansını ve portakal suyunu biraz suyla sulandırarak karıştırın. Keklerin yarısına birer kaşık krema sürerek diğer yarılarını üzerine kapatın.

SAKLAMA Şişko paylar hava geçirmez bir kapta 2 gün dayanır.

Hindistancevizli Şişko Paylar

Bu basit ama lezzetli tarif çarpıcı bir etki yaratmak için hindistancevizi ile çikolatanın doğal uyumunu kullanıyor.

10 PAY | 40 DAKİKA | 12 DAKİKA | 4 HAFTA DONMUŞ

Malzemeler

275 gr tuzsuz tereyağı, yumuşatılmış
150 gr yumuşak, light esmer şeker
1 büyük yumurta
2 çay kaşığı vanilya esansı
225 gr kendi kabaran un
75 gr toz kakao
1 çay kaşığı kabartma tozu
150 ml tam yağlı süt. Ayrıca biraz da dolgu için
2 yemek kaşığı süzme yoğurt veya koyu, sade yoğurt
200 gr pudra şekeri
5 yemek kaşığı kurutulmuş hindistancevizi

Yapılışı

1 Fırınınızı önceden 180°C'de ısıtın. Birkaç fırın tepsisine parşömen döşeyin. 175 gr tereyağı ve şekeri kabarana dek çırpın. Yumurta ve 1 çay kaşığı vanilya esansını ekleyin. Bir kâseye un, kakao ve kabartma tozunu birlikte eleyin. Kuru malzemeleri ve sütü sırayla ve her seferinde birer kaşık olmak üzere hamura katın. Yoğurdu da ekleyin.

2 Yemek kaşığıyla aldığınız hamurları tepsilere yerleştirin. Bir yemek kaşığını ılık suya batırarak tersiyle payların üstlerini düzeltin. İyice kabarana kadar 12 dakika pişirin. Biraz beklettikten sonra ızgara teline alıp soğutun. Hindistancevizini üzerini kaplayacak kadar sütte yumuşaması için 10 dakika ıslatın. Süzün.

3 Tereyağlı krema için kalan tereyağını, pudra şekerini, vanilyayı ve 2 çay kaşığı sütü kabarana kadar çırpın. Hindistancevizini ekleyin. Kaplamayı keklerin yarısına sürün ve kalan yarısıyla sandviç yapın.

SAKLAMA Şişko paylar hava geçirmez bir kapta 2 gün dayanır.

Karaorman Şişko Paylar

Kremalı pastanın, konserve vişne kullanarak yapılan modern bir taklidi.

10 PAY | 40 DAKİKA | 12 DAKİKA | 4 HAFTA DONMUŞ

Malzemeler

175 gr tuzsuz tereyağı, yumuşatılmış
150 gr yumuşak, light esmer şeker
1 büyük yumurta
1 çay kaşığı vanilya esansı
225 gr kendi kabaran un
75 gr toz kakao
1 çay kaşığı kabartma tozu
150 ml tam yağlı süt veya kreması alınmış süt.
2 yemek kaşığı süzme yoğurt veya koyu, sade yoğurt
225 gr konserve vişne, süzülmüş veya dondurulmuş kullanacaksanız buzu çözülmüş
2 yemek kaşığı toz şeker
250 gr maskarpon peyniri

Yapılışı

1 Fırınınızı önceden 180°C'de ısıtın. Birkaç fırın tepsisine parşömen döşeyin. 175 gr tereyağı ve esmer şekeri kabarana dek çırpın. Yumurta ve vanilya esansını ekleyin.

2 Bir kâseye un, kakao ve kabartma tozunu eleyin. Kuru malzemeleri ve sütü de sırayla ve kaşık kaşık hamura ekleyin. Yoğurdu ekleyin. Vişnelerin 100 gr'ını doğrayıp hamura katın.

3 Tepeleme kaşıkla aldığınız hamurları tepsilere, aralarında yeterli yer bırakarak yerleştirin. Bir yemek kaşığını ılık suya batırarak tersiyle payların üstlerini düzeltin. İyice kabarana kadar 12 dakika pişirin. Biraz beklettikten sonra ızgara teline alıp soğutun.

4 Kalan vişneleri pürüzsüz hale gelene kadar ezin. Püre vişneleri ve şekeri maskarpon peynirine ekleyip iyice karıştırın veya dolguda bir dalga efekti yaratmak için bırakın. Dolgudan birer kaşık alıp pişmiş keklerin yarısına sürün ve kalan yarısıyla sandviç haline getirin.

SAKLAMA En iyisi pişirildiği gün tüketilmesidir ama buzdolabında 1 gün dayanır.

Çilekli ve Kremalı Şişko Paylar

Pişirildiği anda tüketilmesi tavsiye edilen bu çilek katmanlı şişko paylar geleneksel bir ikindi çayına sevimli bir katkı sağlayabilirler.

10 PAY | 40 DAKİKA | 12 DAKİKA | 4 HAFTA DONMUŞ

Malzemeler

175 gr tuzsuz tereyağı, yumuşatılmış
150 gr yumuşak, light esmer şeker
1 büyük yumurta
1 çay kaşığı vanilya esansı
225 gr kendi kabaran un
75 gr toz kakao
1 çay kaşığı kabartma tozu
150 ml tam yağlı süt
2 yemek kaşığı süzme yoğurt veya koyu, sade yoğurt
150 ml yağlı krema, çırpılmış
250 gr çilek, ince dilimlenmiş
Üzerine serpmek için pudra şekeri

Yapılışı

1 Fırınınızı önceden 180°C'de ısıtın. Birkaç fırın tepsisine parşömen döşeyin. Tereyağı ve esmer şekeri kabarana dek çırpın. Yumurta ve vanilya esansını ekleyin. Bir kâseye un, kakao ve kabartma tozunu eleyin. Kuru malzemeleri ve sütü de sırayla ve kaşık kaşık hamura ekleyin. Yoğurdu ilave edin.

2 Tepeleme kaşıkla aldığınız hamurları tepsilere, aralarında yeterli yer bırakarak yerleştirin. Bir yemek kaşığını ılık suya batırarak tersiyle payların üstlerini düzeltin.

3 İyice kabarana kadar 12 dakika pişirin. Biraz beklettikten sonra ızgara teline alıp soğutun.

4 Keklerin yarısına krema sürün. Bir kat çilek döşeyip ikinci keki üzerine yerleştirin. Pudra şekeri serpip servis edin. Bu paylar saklanmaz, pişirildikleri gün tüketilmelidirler.

Çikolatalı Fondanlar

Genellikle bir restoran tatlısı olarak düşünülen çikolatalı fondanların aslında evde yapılmaları da çok kolaydır.

4 KİŞİLİK | 20 DAKİKA | 5–15 DAKİKA | 1 HAFTA DONMUŞ

Özel Gereçler

4 adet 150 ml'lik fincan şeklinde kek kalıbı veya 10 cm'lik horselen kap

Malzemeler

150 gr tuzsuz tereyağı, doğranmış. Ayrıca biraz da yağlamak için.

1 tepeleme kaşık sade un. Ayrıca unlamak için.

150 gr kaliteli sütsüz çikolata, parçalara ayrılmış

3 büyük yumurta

75 gr toz şeker

Ttoz kakao veya pudra şekeri, üzerine serpmek için (arzuya bağlı)

Servis için krema veya dondurma (arzuya bağlı)

Yapılışı

1 Fırınınızı önceden 200°C'de ısıtın. Kalıpların tümünün kenarlarını ve tabanını iyice yağlayın. İçlerine biraz un serpin ve elinizle çevirerek tüm kalıbın unlanmasını sağlayın. Fazla unu silkeleyin. Kalıpların tabanlarına küçük daireler halinde parşömen serin.

2 Çikolata ve tereyağını kaynayan su dolu bir tencerenin üzerine yerleştirdiğiniz bir kâsede, ara sıra karıştırarak eritin. Kâsenin tabanının kaynar suya değmemesine dikkat edin. Hafifçe soğutun.

3 Başka bir kâsede yumurtalarla şekeri çırpın. Çikolatalı karışım biraz ılındıktan sonra yumurtalarla şekeri iyice karıştırın. Karışımın üstüne unu eleyip yavaşça karıştırın.

4 Karışımı kalıplara paylaştırın, tepeleme dolmamalarına dikkat edin. Bu aşamada fondanlar birkaç saat veya bir gece buzdolabında bekletilebilirler ancak pişirmeden önce tekrar oda sıcaklığına getirilmeleri gerekir.

5 Fondanları fırının ortasında, fincan şeklinde kalıp kullanıyorsanız 5-6 dakika, porselen kap kullanıyorsanız 12-15 dakika pişirin. Kenarları sert ama ortaları yumuşak olmalıdır. Kalıpların kenarlarında keskin bir bıçak gezdirin. Üstlerine bir tabak koyup ters çevirerek fondanları teker teker, bütün olarak servis tabaklarına çıkarın. Parşömenlerini alın.

6 Toz kakao veya pudra şekeriyle süsleyin ve krema veya dondurma ile hemen servis yapın.

ÖNCEDEN HAZIRLAMA Kalıplardaki pişirilmemiş karışım bir gece buzdolabında dayanır (bkz. Fırıncıdan İpucu).

FIRINCIDAN İPUCU

Çikolatalı fondanları yapmak şaşırtıcı derecede kolaydır. Bir gün önceden hazırlanabilirler, ki bu da onları harika bir akşam yemeği tatlısı haline getirir. Fırına koymadan önce oda sıcaklığına getirmeye dikkat edin, aksi halde daha fazla pişirilmeleri gerekebilir.

Limon ve Yabanmersinli Muffinler

Tüy hafifliğindeki bu muffinler lezzet patlaması için limon suyuyla kaplanmış. Ilık servis edilmesi tavsiye edilir.

12 KİŞİLİK | 20–25 DAKİKA | 15–20 DAKİKA | 4 HAFTA KADAR

Özel gereçler
12 çukurlu muffin kalıbı

Malzemeler
60 gr tuzsuz tereyağı
280 gr sade un
1 yemek kaşığı kabartma tozu
Bir tutam tuz
200 gr toz şeker
1 yumurta
1 limonun ince rendelenmiş kabuğu ve suyu
1 çay kaşığı vanilya esansı
250 ml süt
225 gr yabanmersini

1 Fırınınızı önceden 220°C'de ısıtın. Tereyağını bir tencerede, orta ateşte eritin.

2 Unu, kabartma tozunu ve tuzu bir kâseye eleyin (muffin'leri mikserle yapmayın).

3 2 yemek kaşığı şekeri ayırarak kalanını unun içine boşaltın. Ortasına bir havuz açın.

4 Ayrı bir kâsede yumurtayı kırıp birbirine karışacak şekilde azıcık çırpın.

5 Erimiş tereyağı, limon kabuğu, vanilya ve sütü ekleyin. Karışımı köpürene kadar çırpın.

6 Yumurtalı karışımı yavaş ama sürekli olarak unun ortasındaki havuza akıtın.

7 Plastik bir spatulayla karıştırarak kuru malzemeleri ilave edip pürüzsüz bir hamur elde edin.

8 Meyveleri zedelememeye dikkat ederek yabanmersinlerini de ekleyin.

9 Çok karıştırmayın yoksa muffinleriniz sert olur. Malzemeler karışınca bırakın.

10 Kalıplarınızı tepsiye dizin. Hamuru kaşıkla, dörtte üçü dolacak şekilde kalıplara dökün.

11 Ortasına batırdığınız bir şiş temiz çıkana dek, 15-20 dakika pişirin.

12 Hafifçe ılınmalarını bekleyin ve sonra ızgara teline aktarın.

13 Küçük bir kâsede kalan şekeri limon suyuyla şeker eriyene kadar karıştırın.

14 Muffinler sıcakken tepelerini şeker ve limonlu karışıma batırın.

15 Muffinleri tekrar tele dizip limonlu karışımdan arttıysa üstüne fırçayla sürün.

16 Sıcak muffinler limonlu karışımı maksimum derecede emeceklerdir.
SAKLAMA En iyisi ılık servis etmektir ama hava geçirmez bir kapta 2 gün dayanırlar.

Çikolatalı Muffinler

Bu muffinler çikolata krizlerine çare olabilir. Kreması alınmış süt de tarife lezzetli bir hafiflik katıyor.

12 KİŞİLİK | 10 DAKİKA | 15 DAKİKA | 8 HAFTA KADAR

Özel gereçler
12 çukurlu muffin kalıbı

Malzemeler
225 gr sade un
60 gr toz kakao
1 yemek kaşığı kabartma tozu
Bir tutam tuz
115 gr yumuşak, light esmer şeker
150 gr damla çikolata
250 ml kreması alınmış süt
6 yemek kaşığı ayçiçeği yağı
½ çay kaşığı vanilya esansı
2 yumurta

Yapılışı

1 Fırınınızı önceden 200°C'de ısıtın. Muffin kalıbına kâğıt kalıplar yerleştirin ve bir kenara bırakın. Un, kakao, kabartma tozu ve tuzu geniş bir kâseye eleyin. Şeker ve damla çikolatayı da ekleyip kuru malzemelerin ortasına bir havuz açın.

2 Kreması alınmış süt, yağ, vanilya ve yumurtaları birlikte çırpıp karışımı kuru malzemelerin ortasına dökün. Hepsini hafifçe karıştırarak topaklı bir hamur yapın. Karışımı kaşıkla kâğıt kalıplara, dörtte üçünü dolduracak şekilde dökün.

3 15 dakika veya iyice kabarana ve dokunduğunuzda esnek hale gelene kadar pişirin. Muffinleri hemen ızgara teline alıp soğumaları için bırakın.

SAKLAMA Muffin'er hava geçirmez bir kapta 2 gün dayanır.

FIRINCIDAN İPUCU

Bu muffinlerde ister ekşi krema ister kreması alınmış süt veya yağ olsun, sıvı kullanımı daha uzun süre dayanan nemli bir keki garantiler. Eğer bir tarifte yağ varsa bunun ayçiçeği veya yerfıstığı gibi hafif ve aromasız olmasına dikkat edin. Bu şekilde muffinlerin lezzetli aromaları yağın tadıyla maskelenmemiş olacaktır.

Limonlu ve Haşhaşlı Muffinler

Haşhaş tohumu, bu lezzetli muffinlere hoş bir gevreklik katıyor.

12 KİŞİLİK | 20–25 DAKİKA | 15–20 DAKİKA | 4 HAFTA KADAR

Özel gereçler
12 çukurlu muffin kalıbı

Malzemeler
60 gr tuzsuz tereyağı
280 gr sade un
1 yemek kaşığı kabartma tozu
Bir tutam tuz
200 gr toz şeker. Ayrıca 2 yemek kaşığı da serpmek için
1 yumurta, çırpılmış
1 çay kaşığı vanilya esansı
250 ml süt
2 yemek kaşığı haşhaş tohumu
1 limonun ince rendelenmiş kabuğu ve suyu

Yapılışı

1 Fırınınızı önceden 220°C'de ısıtın. Tereyağını bir tencerede orta ateşte eritin ve ılınmaya bırakın. Un, kabartma tozu ve tuzu bir kâseye eleyin. Şekeri ekleyip ortasına bir havuz açın.

2 Yumurtayı başka bir kâseye alın. Erimiş tereyağını, vanilya ve sütü ekleyip karışımı köpüklenene kadar çırpın. Haşhaş tohumlarını, limon kabuğunu ve suyunu ekleyin.

3 Yumurtalı karışımı unun ortasındaki havuza dökün. Pürüzsüz bir hamur elde etmek için karıştırın ama çok karıştırmayın. Malzemeler birbirine karışınca bırakın.

4 Muffin kâğıtlarını kalıba yerleştirin. Hamuru kaşıkla kâğıtlar arasında eşit olarak paylaştırın ve üzerlerine 2 yemek kaşığı şeker serpin.

5 15-20 dakika veya ortalarına batırılan bir şiş temiz çıkana dek pişirin. Hafifçe soğumalarını bekleyip ızgara telinin üzerine alıp tamamen soğutun.

SAKLAMA Muffinler hava geçirmez bir kapta 2 gün dayanır.

Elmalı Muffinler

Bu sağlıklı muffinleri fırından alır almaz servis etmelisiniz.

12 KİŞİLİK | 10 DAKİKA | 20–25 DAKİKA | 8 HAFTA KADAR

Özel gereçler
12 çukurlu muffin kalıbı

Malzemeler
- 1 golden elma, soyulmuş, çekirdekleri çıkarılıp doğranmış
- 2 çay kaşığı limon suyu
- 115 gr light toz şeker. Ayrıca biraz da serpmek için
- 200 gr sade un
- 85 gr kepekli un
- 4 çay kaşığı kabartma tozu
- 1 yemek kaşığı öğütülmüş karışık baharat
- ½ çay kaşığı tuz
- 60 gr Amerikan cevizi, kıyılmış
- 250 ml süt
- 4 yemek kaşığı ayçiçeği yağı
- 1 yumurta, çırpılmış

Yapılışı

1 Fırınınızı önceden 200°C'de ısıtın. Muffin kalıbına kâğıt kalıpları dizin ve kenara bırakın. Elmayı bir kâseye koyun, limon suyunu ekleyip karıştırın. 4 yemek kaşığı şeker ekleyip 5 dakika dinlendirin.

2 Unları, kabartma tozunu, karışık baharatı ve tuzu geniş bir kâseye eleyin. Süzgeçte kalanları elinizle ufalayın. Şeker ve cevizleri de ekleyip kuru malzemelerin ortasında bir havuz açın.

3 Süt, yağ ve yumurtayı iyice çırpın ve elmaları ekleyin. Sıvı malzemeleri de unun ortasındaki havuza dökün ve topaklı bir hamur haline getirin.

4 Karışımı kaşıkla kâğıt kalıplara koyun, her birini dörtte üç oranında doldurun. 20-25 dakika veya üstleri esmerleşip kabarana kadar pişirin. Muffinleri ızgara teline alıp üzerlerine şeker serpin. Sıcak ya da ılık tüketin.

SAKLAMA Muffinler hava geçirmez bir kapta 2 gün dayanır.

Şekerli Çörekler

Bu zarif ikramlıklar, bir lokma aldığında çocukluğuna geri döndüğünü söyleyen Fransız yazar Marcel Proust tarafından meşhur edilmiştir.

12 KİŞİLİK | 15–20 DAKİKA | 10 DAKİKA | 4 HAFTA KADAR

Özel gereçler
Şekerli çörek kalıbı ya da 12 çukurlu çörek kalıbı

Malzemeler
60 gr tuzsuz tereyağı, eritilmiş ve ılıtılmış. Ayrıca biraz da yağlamak için
60 gr kendi kabaran un, elenmiş. Ayrıca biraz da unlamak için
60 gr toz şeker
2 yumurta
1 çay kaşığı vanilya esansı
Pudra şekeri, üzerine serpmek için

Yapılışı

1 Fırınınızı önceden 180°C'de ısıtın. Kalıbı erimiş tereyağıyla yağlayın ve hafifçe unlayın. Kalıbı ters çevirip fazla unları silkeleyin.

2 Şeker, yumurta ve vanilyayı bir karıştırma kabına alın, mikserle açık renk, koyu olana ve iz bırakacak kıvama gelene kadar 5 dakika çırpın.

3 Unu karışımın üzerine eleyin ve erimiş tereyağını da yanlarından akıtın. Metal bir kaşık kullanarak hepsini dikkatle ve hızlıca karıştırın, çok fazla hava kaçırmamasına dikkat edin.

4 Kalıpları karışımla doldurun ve fırında 10 dakika pişirin. Fırından alıp soğumaları için ızgara teline yerleştirin. Üzerlerine pudra şekeri serpin.

SAKLAMA Çörekleriniz hava geçirmez bir kapta 1 gün dayanır.

FIRINCIDAN İPUCU

Bu lezzetli küçük ikramlıkların tüy kadar hafif olmaları gerekir. Çırpma aşamasında hamura mümkün olduğu kadar çok hava katmaya ve unu karıştırırken hamurun mümkün olduğu kadar az hava kaybetmesine dikkat edilmelidir.

Küçük Ekmekler

Bu küçük ekmekler ikindi çayı için basit ve iyi ikramlıklardır. Kreması alınmış sütle en hafif ekmekleri pişirebilirsiniz.

6–8 KİŞİLİK | 15–20 DAKİKA | 12–15 DAKİKA | 4 HAFTA KADAR

Özel gereçler
7 cm'lik hamur kesici

Malzemeler
60 gr tuzsuz tereyağı, soğutulup parçalara halinde kesilmiş. Ayrıca biraz da yağlamak için
250 gr beyaz ekmek unu. Ayrıca biraz da unlamak için
2 çay kaşığı kabartma tozu
½ çay kaşığı tuz
175 ml kreması alınmış süt
Tereyağı, reçel ve kaymak veya koyu, yağlı krema, servis için (arzuya bağlı)

1 Fırınınızı önceden 220°C'de ısıtın. Bir fırın tepsisine parşömen erip yağlayın.

2 Un, kabartma tozu ve tuzu büyük ve soğutulmuş bir kâseye eleyin.

3 Tereyağını kâseye koyup tüm malzemeleri olabildiğince soğuk tutmaya çalışın.

4 İnce kırıntılar oluşana dek parmak uçlarınızla ovalayın. Hızlıca yukarı kaldırıp havalandırın.

5 Ortasına bir havuz açın ve yavaş ama sürekli biçimde sütü içine akıtın.

6 Unlu karışımla sütü bir çatalla hızla karıştırın. Çok karıştırmayın.

7 Kırıntılardan bir hamur oluşturana kadar karıştırın. Kuru görünüyorsa biraz daha süt ekleyin.

8 Unlu bir yüzeye alıp birkaç saniye yoğurun. Yumuşak değil sert bir hamur elde etmeye çalışın.

9 Hamuru 2 cm kalınlığında açıp olabildiğince soğuk ve işlenmemiş kalmasına dikkat edin.

10 Hamur kesiciyle yuvarlaklar kesin, bkz. Fırıncıdan İpuçları s. 124

11 Kalan kırpıkları tekrar yoğurup onlardan da yuvarlaklar keserek tüm hamuru bitirin.

12 Ekmek hamurlarını hazırlanmış tepsiye 5'er cm arayla yerleştirin.

13 Önceden ısıtılmış fırında 12-15 dakika, hafif esmerleşip kabarana dek pişirin. Ekmekler pişirildikleri gün, hatta fırından yeni çıkmış sıcak halleriyle tüketilmelidirler. Üzerine tereyağı ve reçel veya kaymak ya da koyu, yağlı krema sürebilirsiniz.

Küçük Ekmek çeşitleri

Frenk Üzümlü Ekmek

Frenk üzümleriyle dolu bu küçük ekmekleri fırından çıkar çıkmaz, üzerlerine tereyağı veya kaymak sürerek servis edebilirsiniz.

6 KİŞİLİK | 15–20 DAKİKA | 12–15 DAKİKA | 4 HAFTA KADAR

Malzemeler

60 gr tuzsuz tereyağı, soğutulup doğranmış. Ayrıca biraz da yağlamak için
1 yumurta sarısı, cila için.
175 ml kreması alınmış süt. Ayrıca cila için de 1 yemek kaşığı
250 gr beyaz ekmek unu. Ayrıca biraz da unlamak için
2 çay kaşığı kabartma tozu
½ çay kaşığı tuz
½ çay kaşığı karbonat
2 çay kaşığı toz şeker
2 yemek kaşığı Frenk üzümü

Yapılışı

1 Fırınınızı önceden 220°C'de ısıtın ve bir fırın tepsisini yağlayın. Yumurta sarısını 1 yemek kaşığı sütle çırpın ve bir kenara ayırın.

2 Un, kabartma tozu, tuz ve karbonatı birlikte bir kâseye eleyin ve şekeri ekleyin. Tereyağını ilave edip karışımı, ince kırıntılar haline gelene kadar parmak uçlarınızla ovalayın. Frenk üzümlerini de ekleyin. Sütü döküp karışımı bir çatalla kırıntılar oluşturacak şekilde karıştırın. Kırıntılar birleşip bir hamur haline gelene kadar karıştırmaya devam edin.

3 Hamuru unlanmış bir yüzeye alın. İkiye ayırıp her bir yarısını 15 cm çapında ve 2 cm kalınlığında açın. Keskin bir bıçakla her yuvarlağı 4'e bölün. Elde ettiğiniz parçaları 5'er cm aralıklarla tepsiye dizin ve cilayı üstlerine sürün.

4 12-15 dakika, hafif esmerleşene kadar pişirin. Tepside birkaç dakika beklettikten sonra soğumaları için ızgara teline alın. Aynı gün sıcakken tüketilmesi tavsiye edilir.

FIRINCIDAN İPUCU

Güzel kabaran ekmeklerin sırrı kesilmelerindedir. En iyisi keskin, tercihen metal bir hamur kesici veya buradaki gibi keskin bir bıçak kullanmaktır. Aşağı doğru kuvvetli bir hareketle kesilmeli ve kesici keserken hiçbir şekilde döndürülmemelidir. Böylece güzel ve eşit kabaran ekmekleri garanti edebilirsiniz.

Maydanoz ve Peynirli Ekmekler

Temel ekmek karışımı kolaylıkla lezzetli bir hamur çeşidine dönüşebilir.

20 KÜÇÜK VEYA 6 BÜYÜK | 20 DAKİKA | 8–10 DAKİKA | 12 HAFTA KADAR

Özel gereçler

4 cm'lik (küçük ekmekler için) veya 6 cm'lik (büyük ekmekler için) hamur kesici

Malzemeler

Sıvı yağ, yağlamak için
225 gr sade un, elenmiş. Ayrıca biraz da üzerini unlamak için.
1 yemek kaşığı kabartma tozu
Bir tutam tuz
50 gr tuzsuz tereyağı, soğutulmuş ve doğranmış
1 çay kaşığı kurutulmuş maydanoz
1 çay kaşığı tane karabiber, ezilmiş
50 gr olgun Cheddar peyniri, rendelenmiş
110 ml süt

Yapılışı

1 Fırınınızı önceden 220°C'de ısıtın. Orta büyüklükte bir fırın tepsisini hafifçe yağlayın. Geniş bir kâsede un, kabartma tozu ve tuzu karıştırın. Tereyağını ekleyin ve parmak uçlarınızı kullanarak karışım ekmek kırıntılarını andırana kadar ovalayın.

2 Maydanoz, karabiber ve peynirin yarısını ekleyin. Sonra hamurun bir araya gelip yapışması için yeterli miktarda süt ilave edin (kalan sütü ekmeklerin üzerine sürmek için ayırın). Yumuşak bir hamur elde edin.

3 Hamuru hafifçe unlanmış bir yüzeyde 2 cm kalınlığında açın. Seçtiğiniz hamur kesme gerecinizle yuvarlaklar kesin (bkz. Fırıncıdan İpucu). Bunları hazırladığınız tepsiye dizin, kalan sütü üzerlerine sürün ve kalan peynirleri de en üste serpin.

4 Fırının en üst katında 8-10 dakika, kızarana kadar pişirin. Biraz ılınması için birkaç dakika tepside bırakın. Daha sonra sıcak servis edin veya bir ızgara teli üzerinde tamamen soğumasını bekleyin. Bu ekmeklerin aynı gün tüketilmesi tavsiye edilir.

Çilekli Mini Pastalar

Bu mini pastalar hafif bir yaz tatlısı olarak mükemmeldirler.

6 ADET	15-20 DAKİKA	12-15 DAKİKA	4 HAFTA DONMAMIŞ

Özel gereçler
8 cm'lik hamur kesici

Malzemeler
60 gr tuzsuz tereyağı. Biraz da yağlamak için
250 gr sade un, elenmiş. Biraz da unlamak için
1 çay kaşığı kabartma tozu
½ çay kaşığı tuz
45 gr toz şeker
175 ml yağlı krema. Gerekirse biraz daha fazla.

Meyve püresi için
500 gr çilek, sapları ayıklanmış
2-3 yemek kaşığı pudra şekeri
2 yemek kaşığı kiraz brendisi (arzuya bağlı)

Dolgu için
500 gr çilek, sapları çıkarılıp dilimlenmiş
45 gr toz şeker. Ayrıca 2-3 yemek kaşığı.
250 ml yağlı krema
1 çay kaşığı vanilya esansı

Yapılışı

1 Fırınınızı 220°C'de ısıtın. Bir fırın tepsisini yağlayın. Bir kâsede un, kabartma tozu, tuz ve şekeri karıştırıp ovalayın. Kremayı ekleyin, çırpın; eğer kuruysa biraz daha ekleyin. Tereyağını da ilave edip kırıntılar oluşturmak için parmak uçlarınızla ovalayın.

2 Kırıntıları birleştirerek bir hamur yapın. Unlu yüzeyde hamuru hafifçe yoğurun. 1 cm kalınlığında açıp hamur kesiciyle 6 yuvarlak kesin (bkz. Fırıncıdan İpucu). Tepsiye aktarıp 12-15 dakika pişirin. Izgara telinde soğutun.

3 Meyve püresi için çilekleri ezin ve pudra şekeri ile kiraz brendisini ekleyin.

4 Dolgusu için çileklerle şekeri karıştırın. Kremayı sertleşene kadar çırpın. 2-3 yemek kaşığı şekeri ve vanilyayı ekleyin. Sertleşene kadar çırpın. Kekleri ikiye kesin. Çilekleri bir yarının üzerine yerleştirin ve ardından kremayı sürün. Her bir kekin üstüne diğer yarısını kapatın. Meyve püresinden tabağın kenarına da dökün. Hemen servis edin.

Galler Kekleri

Galler'in bu geleneksel küçük keklerini hazırlaması ve pişirmesi sadece dakikalar alır. Üstelik önceden fırınınızı ısıtmayı hatırlamanız bile gerekmez.

24 KÜÇÜK KEK | **20 DAKİKA** | **16–24 DAKİKA** | **4 HAFTA KADAR**

Özel gereçler
5 cm'lik hamur kesici

Malzemeler
200 gr kendi kabaran un. Ayrıca biraz da unlamak için.
100 gr tuzsuz tereyağı, soğutulup doğranmış. Ayrıca biraz da kızartmak için.
75 gr toz şeker. Ayrıca biraz da serpmek için.
75 gr çekirdeksiz kuru üzüm
1 büyük yumurta, çırpılmış
Biraz süt, gerekirse

Yapılışı

1 Unu geniş bir kâseye eleyin. Tereyağını da ekleyip ekmek kırıntısı görünümü alana dek ovalayın. Şekeri ve kuru üzümleri ilave edin. Yumurtayı katın.

2 Malzemeleri birbirine karıştırarak karışımı ellerinizle hamur topu haline getirin. Hamur açılacak kadar sert olmalıdır ama eğer çok sert görünüyorsa biraz süt ekleyin.

3 Unlanmış bir tezgâhta hamuru 5 mm kalınlığında açın ve hamur kesiciyi kullanarak daireler kesin.

4 Ağır ve büyük bir kızartma tavasını, dökme demir bir tavayı veya alçak kenarlı demir bir tavayı orta ateşte ısıtın. Kekleri partiler halinde, eritilmiş tereyağında kabarana, esmerleşene ve iyice pişene kadar 2-3 dakika tersyüz ederek kızartın.

5 Kekler ılıkken, servisten önce üzerlerine bolca toz şeker serpin. Galler kekleri hemen tüketilmelidir. Eğer dondurursanız çözdükten sonra fırında tekrar ısıtın.

FIRINCIDAN İPUCU

Galler kekleri basit çay ikramlıklarıdır ve birkaç dakika içinde yenmeye hazır hale gelirler. Onları oldukça hafif ateşte pişirin ve kendi kabaran unun kekleri bu aşamada gayet kırılgan yapmasından dolayı diğer yüzlerini çevirirken çok dikkatli olun. Pişirildikleri anda tereyağı ile tüketilmeleri tavsiye edilir

Kaya Kekleri

Bu klasik Britanya kurabiyelerinin keyfini çıkarmanın tam zamanıdır. Doğru pişirildiklerinde hafif, gevrek olurlar ve yapması çok basittir.

12 KİŞİLİK | 15 DAKİKA | 15-20 DAKİKA | 4 HAFTA KADAR

Malzemeler

200 gr kendi kabaran un
Bir tutam tuz
100 gr tuzsuz tereyağı, soğutulmuş ve doğranmış
75 gr toz şeker
100 gr karışık kuru meyve (çekirdekli-çekirdeksiz üzüm, karışık meyve kabukları)
2 yumurta
2 yemek kaşığı süt, gerekirse biraz daha fazla.
½ çay kaşığı vanilya esansı
Tereyağı veya reçel, servis için (arzuya bağlı)

Yapılışı

1 Fırınınızı önceden 190°C'de ısıtın. Geniş bir kâsede un, tuz ve tereyağını karıştırıp ekmek kırıntılarını andırana kadar ovalayın. Şekeri ekleyin. Kuru meyveleri de ilave edip iyice karıştırın.

2 Bir sürahide yumurta, süt ve vanilya esansını çırpın. Unlu karışımın ortasına bir havuz açın ve yumurtalı karışımı içine dökün. Sert bir karışım elde etmek için hepsini birbirine yedirin. Karışım çok sertse biraz daha süt ekleyin.

3 İki fırın tepsisini parşömenle kaplayın. Karışımdan dolu kaşıklar halinde alıp aralarında yayılma payı bırakarak tepsilere yerleştirin. Fırının ortasında 15-20 dakika veya esmerleşene kadar pişirin.

4 Hafifçe ılınmaları için ızgara teline alın. Ilık servis edin. Üzerlerine tereyağı veya reçel sürebilirsiniz. Kaya kekleri yapıldığı gün tüketilmelidir çünkü dayanıklı değildirler.

FIRINCIDAN İPUCU

Yapımı çok kolay olan bu kekler adlarını sertliklerinden değil klasik, girintili çıkıntılı şekillerinden alırlar! Karışımın tepsiye en az 5-7 cm yüksekliğinde konmasına dikkat edin. Bu şekilde pişerken yayılsalar bile klasik girintili çıkıntılı kenarlarını koruyabileceklerdir.

Profiterol

Üzerleri çikolata soslu, içleri krema dolu bu ekler hamurları geçmişten bugüne lezzetli bir tatlı olarak ikram edilirler.

4 KİŞİLİK | 30 DAKİKA | 22 DAKİKA | 12 HAFTA, İÇSİZ

Malzemeler

60 gr sade un
50 gr tuzsuz tereyağı
2 yumurta, çırpılmış

Özel gereçler

1 cm'lik düz ve 5 mm'lik yıldız uçlu 2 adet krema sıkıcı

Dolgu ve sos için

400 ml yağlı krema
200 gr kaliteli siyah çikolata, parçalara ayrılmış
25 gr tereyağı
2 yemek kaşığı şeker pekmezi

1 Fırınınızı önceden 220°C'de ısıtın. İki büyük fırın tepsisini parşömenle kaplayın

2 Unu, havayı içine alması için eleği yukarıda tutarak geniş bir kâseye eleyin.

3 Tereyağıyla 150 ml suyu küçük bir tencereye koyup hafif ateşte eritin.

4 Kaynayınca ateşten alın ve unu bir kerede ekleyin.

5 Pürüzsüzleşene kadar karıştırın, sonunda hamur haline gelmelidir. 10 dakika soğutun.

6 Yumurtaları, hamura yedirebilmek için aralarda çok iyi karıştırarak yavaş yavaş ekleyin.

7 Sert, pürüzsüz ve parlak bir hamur için yumurtaları azar azar eklemeye devam edin.

8 Karışımı kaşıkla 1 cm'lik düz uçlu bir krema sıkıcıya alın.

9 Topları mesafe bırakarak sıkın. 20 dakika veya hamurlar kabarıp esmerleşene dek pişirin.

10 Fırından alıp her topun kenarını yarın ve buharın çıkmasına izin verin.

11 Fırına geri koyup gevrekleşmeleri için 2 dakika tutun, sonra ızgara telinde soğumasını bekleyin.

12 Servisten önce 100 ml kremayı bir tencereye koyup kalanını sertleşene kadar çırpın.

13 Çikolata, tereyağı ve pekmezi tenceredeki kremaya ekleyip eriyene kadar hafifçe ısıtın.

14 Çırpılmış kremayı 5 mm'lik yıldız uçlu krema sıkıcıya doldurun.

15 Her topun içine krema sıkın. Topları açıp krema ile doldurun.

16 Ekler hamurlarını bir servis tabağına veya kek standına yerleştirin. Sosu karıştırıp üzerinden dökün ve hemen servis edin. **ÖNCEDEN HAZIRLAMA** Doldurulmamış hamurlar hava geçirmez bir kapta 2 gün dayanır.

Ekler Hamuru çeşitleri

Çikolatalı Portakallı Profiterol

Orijinal tarif üzerine, keskin portakal kabuğu ve likörüyle keyif katılmış lezzetli bir dokunuş...

6 KİŞİLİK | 20 DAKİKA | 40 DAKİKA | 12 HAFTA, İÇSİZ

Özel gerçeler

1 cm'lik düz ve 5 mm'lik yıldız uçlu 2 adet krema sıkıcı

Malzemeler

Ekler hamuru için

60 gr sade un
50 gr tuzsuz tereyağı
2 yumurta, çırpılmış

Dolgu için

500 ml yağlı krema veya krem şanti
1 büyük portakalın ince rendelenmiş kabuğu ve suyu
2 yemek kaşığı portakal likörü

Çikolatalı sos için

150 gr kaliteli siyah çikolata, parçalara ayrılmış
300 ml az yağlı krema
2 yemek kaşığı şeker pekmezi
1 yemek kaşığı portakal likörü

Yapılışı

1 Fırınınızı önceden 220°C'de ısıtın. İki fırın tepsisini parşömen kaplayın. Unu, havayı içine alması için eleği yukarıda tutarak geniş bir kâseye eleyin.

2 Tereyağı ve 150 ml suyu küçük bir tencereye koyup eriyene kadar hafif ateşte ısıtın. Kaynayınca ateşten alıp içine unu boşaltın. Tahta bir kaşıkla pürüzsüz olana kadar karıştırın; karışım bir hamur topu haline gelmelidir. 10 dakika soğumasını bekleyin. Yumurtaları aralarda iyice karıştırarak ekleyin. Sert ve pürüzsüz bir hamur elde edene kadar azar azar yumurtayı eklemeye devam edin.

3 Karışımı kaşıkla 1 cm'lik düz uçlu krema sıkıcıya boşaltın. Ceviz büyüklüğünde toplar sıkarak birbirinden ayrı olacak şekilde tepsiye dizin. Kabarana ve esmerleşene kadar, 20 dakika pişirin. Fırından alıp her hamurun kenarını yararak buharın çıkmasını sağlayın. Fırına geri koyup gevrekleşmesi için 2 dakika pişirin. Daha sonra ızgara teline alarak tamamen soğumasını sağlayın.

4 Dolguyu yapmak için kremayı sertleşene kadar, portakal kabuğu ve portakal likörü ile bir kâsede çırpın. Profiterolleri yıldız uçlu krema sıkıcıyla doldurun.

5 Çikolatalı sosu yapmak için çikolata, krema, pekmez ve portakal likörünü küçük bir tencerede pürüzsüz ve parlak bir karışım haline gelene dek eritin. Profiterolleri üzerine sıcak çikolata sosu dökülmüş olarak servis edin.

ÖNCEDEN HAZIRLAMA Doldurulmamış hamurlar hava geçirmez bir kapta 2 gün dayanır.

FIRINCIDAN İPUCU

Ekler hamurlarını fırından alır almaz buharının çıkması için her birinde birer yarık açmak çok önemlidir. Bu işlem seyrek dokulu, kuru ve gevrek bir hamur elde etmenizi sağlar. Eğer hamurları yarmazsanız profiterolleriniz sırılsıklam olacaktır.

Füme Somonlu Peynir Pufları

Bu lezzetli ekler hamuru pufları, Fransa'nın Burgundy bölgesine has, neredeyse her fırıncı vitrininde görebileceğiniz geleneksel bir yemektir.

8 KİŞİLİK | 40-45 DAKİKA | 30-35 DAKİKA

Malzemeler

75 gr tuzsuz tereyağı. Ayrıca biraz da yağlamak için.
1 ¼ çay kaşığı tuz
150 gr sade un, elenmiş
6 yumurta
125 gr gravyer peyniri, iri rendelenmiş

Füme somon dolgusu için

Tuz ve karabiber
1 kg taze ıspanak, temizlenip yıkanmış
30 gr tuzsuz tereyağı
1 soğan, ince doğranmış
4 diş sarımsak, ince doğranmış
Bir tutam öğütülmüş yer fıstığı
250 gr krem peynir
175 gr füme somon, şeritler halinde dilimlenmiş
4 yemek kaşığı süt

Yapılışı

1 Fırınınızı önceden 190°C'de ısıtın. İki fırın tepsisini yağlayın. Tereyağını 250 ml su ve ¾ çay kaşığı tuz ile bir tencerede eritin. Kaynayınca ateşten alıp unu ekleyin. Pürüzsüz olana kadar karıştırın. Tencereyi ocağa alıp kuruması için kısık ateşte 30 saniye kadar karıştırın.

2 Ateşten alın. 4 yumurtayı teker teker iyice karıştırarak ekleyin. Beşinci yumurtayı da yavaşça ekleyin. Peynirin yarısını ekleyin. Hamuru 8 adet 6'şar cm'lik toplar halinde tepsilere dizin. Kalan yumurtayı ve tuzu çırpın. Pufların üzerine sürün. 30-35 dakika sertleşene kadar pişirin. Fırından alıp ızgara teline çıkarın. Tepelerini kapak şeklinde kesip soğumaya bırakın.

3 Bir tencere tuzlu suyu kaynatın. Ispanakları ekleyip 1-2 dakika soldurun, süzün. Soğuyunca sularını sıkın ve doğrayın. Bir kızartma tavasında tereyağını eritin. Soğanı ekleyip yumuşayana kadar pişirin. Lezzetlendirmesi için sarımsak, yer fıstığı, tatlandırması için tuz ve biber ile ıspanağı ekleyin. Tüm sıvılar buharlaşana kadar karıştırarak pişirin. Krem peyniri ekleyip karışım iyice hemhâl olana kadar karıştırın. Ateşten alın.

4 Füme somonun üçte ikisini ekleyin, sütü üzerine dökün ve karıştırın. Karışımdan her peynir pufuna 2-3 yemek kaşığı doldurun. Kalan füme somonu üzerlerine yerleştirin. Önceden kestiğiniz kapakları pufların yanlarına doğru dayayıp hemen servis yapın.

Çikolatalı Ekler

Profiterolün kuzeni sayılan eklerin çok kolay uygulanabilir bir tarifi vardır: Portakallı çikolatalı sos ve portakallı krema (bkz. karşı sayfa) veya pasta kreması ya da çikolatalı pasta kreması dolgusu ile deneyin.

30 KİŞİLİK | 30 DAKİKA | 25–30 DAKİKA | 12 HAFTA DONMAMIŞ

Özel gereçler

1 cm'lik düz uçlu krema sıkıcı

Malzemeler

75 gr tuzsuz tereyağı
125 gr sade un, elenmiş
3 yumurta
500 ml yağlı krema veya krem şanti
150 gr kaliteli siyah çikolata, parçalara ayrılmış

Yapılışı

1 Fırınınızı önceden 200°C'de ısıtın. Tereyağını 200 ml soğuk suyla bir tencerede eritin, kaynayınca ateşten alın ve içine unu ilave edin. Tahta bir kaşıkla iyice yedirene kadar karıştırın.

2 Yumurtaları hafifçe çırpıp unlu ve tereyağlı karışıma azar azar ve sürekli karıştırarak ekleyin. Karışım pürüzsüz ve parlak hale gelene ve tencerenin kenarlarından kolayca ayrılana kadar karıştırmaya devam edin. Krema sıkıcıya aktarın.

3 Parşömen döşenmiş iki tepsiye karışımdan 10'ar cm uzunluğunda sıkın. Hamurların bitiş noktalarını sıkıcıdan ıslak bir bıçakla kesin. Toplamda 30 civarında hamurunuz olmalıdır. Esmerleşene kadar veya 20-25 dakika fırında pişirin. Sonra fırından alıp her birine birer yarık açın. Tekrar fırına koyup içlerini iyice pişmesi için 5 dakika daha pişirin. Fırından alıp soğumaya bırakın.

4 Kremayı karıştırma kabına alıp sertleşene kadar mikserle çırpın. Her eklerin içine kaşıkla veya krema sıkıcıyla doldurun. Çikolata parçalarını ısıya dayanıklı bir kaba koyun. Kabı, tabanının suya değmemesine dikkat ederek kaynayan su dolu bir tencerenin üzerine oturtun. Çikolatayı eritin. Eklerlerin üzerine kaşıkla dökün ve servisten önce kurumasını bekleyin.

ÖNCEDEN HAZIRLAMA Doldurulmamış eklerler hava geçirmez bir kapta 2 gün dayanır.

Ahudududu Kremalı Merengler (Beze)

Bu mini merengler, taze ahududu ve çırpılmış krema ile doldurulmuştur ve yazın açık büfeler için ideal bir ikramdır.

6–8 KİŞİLİK | 10 DAKİKA | 1 SAAT

Özel gereçler

Metal karıştırma kabı
Düz uçlu krema sıkıcı (arzuya bağlı)

Malzemeler

4 yumurta akı, oda sıcaklığında (ortalama bir yumurta akı yaklaşık 30 gr'dır.)
Yaklaşık 240 gr toz şeker, bkz. 3. adım

Dolgu için

100 gr ahududu
300 ml yağlı krema
1 yemek kaşığı pudra şekeri, elenmiş

1 Fırınınızı önceden 120°C civarında ısıtın. Bir fırın tepsisini parşömenle kaplayın.

2 Kâse temiz ve kuru olmalıdır. Gerekirse yağ kalıntılarını gidermek için limon kullanın.

3 Yumurta aklarını tartın. Yumurta aklarının tam iki katı şekere ihtiyacınız olacaktır.

4 Yumurta aklarını metal bir kâsede koyulaşana kadar çırpın.

5 Şekerin yarısını, aralarda karıştırarak her seferinde birkaç yemek kaşığı şeklinde biraz ekleyin.

6 Kalan şekeri de yumurta aklarına karıştırın, olabildiğince az hava kaçmasına çaba gösterin.

7 Aralarında 5'er cm'lik boşluklar bırakarak birer kaşık hamuru tepsiye dizin.

8 Veya aynı işlemi düz uçlu bir krema sıkıcı ile yapın. Fırının ortasında 1 saat pişirin.

9 Parşömenden kolayca çıkıyor ve hafifçe vurulduğunda içi boş bir ses veriyorlarsa pişmiştirler.

10 Fırını kapatıp ılınmaları için merengleri içinde bırakın. Soğuyana dek ızgara tele alın.

11 Ahududuları bir kâseye koyup çatalın tersiyle ezin.

12 Başka bir kâsede yağlı kremayı çok sertleşmeyecek kadar çırpın.

13 Kremayla ezilmiş ahududuları yavaşça karıştırın ve pudra şekeri ekleyin.

14 Merenglerin yarısına ahududulu karışımdan biraz sürün.

15 Kalan mereng yarılarını da üstlerine kapatıp sandviçler oluşturmak için hafifçe bastırın.

Tatlı kanapeler için küçük merengler oluşturup pişirme süresini 45 dakikaya indirin; böylece 20 sandviçiniz olacaktır. **ÖNCEDEN HAZIRLAMA** Doldurulmadan hava geçirmez bir kapta 5 gün saklayın.

Mereng çeşitleri

Antepfıstıklı Merengler

Kremayla sandviç yapılmayacak kadar büyük olan bu karışım, çoğunlukla büyük bisküviler olarak yenir.

8 KİŞİLİK | 15 DAKİKA | 1½ SAAT

Özel gereçler
Bıçak aparatlı mutfak robotu
Büyük metal karıştırma kâsesi

Malzemeler
100 gr tuzsuz, kabuklu antepfıstığı
4 yumurta akı, oda sıcaklığında
Yaklaşık 240 gr toz şeker, bkz. sayfa 134, 3. adım

Yapılışı

1 Fırınınızı en az derecede, yaklaşık 120°C ısıtın. Fıstıkları tepsiye yayıp 5 dakika fırınlayın. Bir mutfak havlusuna çıkarıp ovalayarak kabuklarını çıkarın. Soğutun. Mutfak robotunda fıstıkların yarısından azını ince çekin. Kalanını da irice kıyın.

2 Yumurta aklarını metal bir kâsede koyulaşana kadar mikserle çırpın. Şekerin en az yarısını, aralarda karıştırarak 2'şer yemek kaşığı şeklinde ekleyin. Kalan şekeri ve çekilmiş fıstıkları, mümkün olduğu kadar az hava kaybetmesine dikkat ederek karışıma ekleyin.

3 Bir fırın tepsisine parşömen serin. Tepeleme dolu kaşıklardaki mereng karışımını tepsiye 5'er cm aralıklarla dizin. Üzerlerine kıyılmış fıstıklardan koyun.

4 Fırının ortasında 1½ saat pişirin. Fırını kapatıp merengleri ılınmaları ve çatlamamaları için içeride bırakın. Sonra ızgara teline alıp tamamen soğumalarını bekleyin. Maksimum etki için merengleri birbiri üzerine koyarak servis edin.

SAKLAMA Merengleriniz hava geçirmez bir kapta 3 gün dayanır.

Limonlu ve Pralinli Merengler

Monts Blanc'lara (bkz. karşı sayfa) benzer bu merengler daha gevrektir.

6 KİŞİLİK | 35 DAKİKA | 1½ SAAT

Özel gereçler
Yıldız uçlu krema sıkıcı

Malzemeler
3 yumurta akı, oda sıcaklığında
Yaklaşık 180 gr toz şeker, bkz.sayfa 134, 3. adım
Bitkisel yağ, yağlamak için
60 gr kalın toz şeker
60 gr bütün, beyazlatılmış badem
Bir tutam krem tartar
85 gr siyah çikolata, parçalanmış
150 ml yağlı krema
3 yemek kaşığı limon kaymağı

Yapılışı

1 Fırınınızı önceden 120°C'de ısıtın ve bir fırın tepsisine parşömen serin. Yumurta aklarını koyulaşana kadar çırpın. 2 yemek kaşığı toz şekeri ekleyip pürüzsüz ve parlak olana dek çırpmaya devam edin. Şekeri birer yemek kaşığı halinde ekleyerek aralarda iyice çırpın. Krema sıkıcıya aktarıp tepsiye 6 tane 10'ar cm'lik daire sıkın. 1½ saat gevrekleşene kadar pişirin.

2 Bu arada pralini yapın. Bir fırın tepsisini yağlayıp kalın toz şeker, bademler ve krem tartarı küçük, ağır bir sos tenceresine koyun. Hafif ateşte şeker eriyene kadar ısıtın. Şurup altın rengine dönüşene dek kaynatın, sonra yağlanmış fırın tepsisine dökün. Tamamen soğuyana dek bekledikten sonra iri parçalara bölün.

3 Çikolatayı kaynar suyun üzerine koyduğunuz bir kâsede eritin. Kremayı biraz sertleşene kadar çırpın ve içine limon kaymağını ekleyin. Merenglerin her birine çikolata sürün. Biraz dinlendirdikten sonra limon kaymaklı kremayı üzerlerine doldurun. Üzerine pralin serperek servis edin.

SAKLAMA Merengler boş halde hava geçirmez bir kapta 5 gün dayanır.

Monts Blanc'lar

Tatlandırılmış kestane püresi kullanıyorsanız dolgudaki toz şekeri çıkartın.

8 KİŞİLİK | 20 DAKİKA | 45-60 DAKİKA

Özel Gereçler

Büyük metal karıştırma kabı
10 cm'lik hamur kesici

Malzemeler

4 yumurta akı, oda sıcaklığında
Yaklaşık 240 gr toz şeker, bkz. sayfa 134, 3. adım
Ayçiçeği yağı, yağlamak için

Dolgu için

435 gr tatlandırılmış veya tatlandırılmamış kestane püresi
100 gr toz şeker (arzuya bağlı)
1 çay kaşığı vanilya esansı
500 ml yağlı krema
Pudra şekeri, üzerine serpmek için

Yapılışı

1 Fırınınızı önceden en düşük derecede, 120°C civarında ısıtın. Yumurta aklarını geniş, temiz bir metal kâseye alıp mikseri içinden çıkarttığınızda çırpıcıların iz bırakacağı kıvama kadar çırpın. Şekerin en az yarısını azar azar, her seferinde 2'şer yemek kaşığı ekleyip aralarda iyice çırpın. Kalan şekeri de mümkün olduğunca az hava kaybettirerek karışıma ekleyin.

2 Hamur kesiciyi hafifçe yağlayın. İki fırın tepsisini silikon kâğıtla kaplayın. Hamur kesicisini tepsinin üzerine koyup mereng karışımını 3'er cm derinliğinde içine doldurun ve üstünü düzelterek kesiciyi dikkatle çıkartın. Bu işlemi yaparak karışımı bitirin. Her tepside 4'er mereng tabanınız olmalıdır.

3 Merengleri fırının ortasında, sakız gibi seviyorsanız 45 dakika, değilse 1 saat pişirin. Fırını kapatıp merengleri ılınmaları ve çatlamamaları için içinde bırakın. Tamamen soğumaları için ızgara teline çıkarın.

4 Kestane püresini, toz şeker (arzuya göre), vanilya esansı ve 4 yemek kaşığı krema ile birlikte bir kâseye koyup pürüzsüz olana dek çırpın. Hafif, kabarık bir dolgu elde etmek için ince bir elekten geçirin. Ayrı bir kâsede kalan kremayı sertleşene kadar çırpın.

5 Merenglerin üzerine 1'er yemek kaşığı kestane püresi koyup üstlerini spatulayla düzeltin. Her merengin üstüne çırpılmış krema koyup spatulayla yumuşak dalgalı bir görünüm verin. Pudra şekeri serpip servis edin.

ÖNCEDEN HAZIRLAMA Mereng tabanlar 5 gün önceden hazırlanıp hava geçirmez bir kapta saklanabilir.

FIRINCIDAN İPUCU

Yumurtaları çırpmak için kullandığınız kâsenin tamamen temiz ve kuru olmasına dikkat edin. Kesin bir ölçü için yumurta aklarını tartın. Yumurta aklarının tam iki katı şeker kullanmanız gerecektir. Elektronik bir tartı kullanmanız tavsiye edilir.

Kurabiye çeşitleri

Antepfıstıklı ve Yabanmersinli Yulaflı

Antepfıstıkları ve yabanmersinlerinin mücevher gibi renkleri, klasik meyveli ve kuruyemişlilerin az daha yetişkin versiyonu olan bu kurabiyelerin içinde ışıldıyor.

24 KİŞİLİK | 20 DAKİKA | 10-15 DAKİKA | 8 HAFTA KADAR

Malzemeler

100 gr tuzsuz tereyağı, yumuşatılmış
200 gr yumuşak, light esmer şeker
1 yumurta
1 çay kaşığı vanilya esansı
1 yemek kaşığı süzme bal
125 gr kendi kabaran un, elenmiş
125 gr yulaf
Bir tutam tuz
100 gr antepfıstığı, hafifçe kavrulmuş ve iri kıyılmış
100 gr kurutulmuş yabanmersini, iri kıyılmış
Biraz süt, gerekirse

Yapılışı

1 Fırınınızı önceden 190°C'de ısıtın. Tereyağı ve şekeri bir kâsede pürüzsüz olana dek mikserle çırpın. Yumurta, vanilya esansı ve balı ekleyin ve iyice çırparak pürüzsüz bir karışım elde edin.

2 Un, yulaf ve tuzu ekleyerek tahta bir kaşıkla karıştırın. Kuruyemiş ve yabanmersinlerini de ekleyip iyice harmanlayın. Eğer karışım çok sertse sürülebilir kıvama gelecek kadar süt ekleyin.

3 Ceviz kadar parçalar alıp avuç içlerinizde yuvarlayın. İki veya üç tepsiyi parşömenle kaplayın. Yuvarladığınız hamurları biraz yassıltıp aralarında yer bırakarak tepsilere dizin.

4 10-15 dakika, esmerleşene kadar fırınlayın (bunu partiler halinde yapmayı isteyebilirsiniz). Hafifçe ılınmaları için tepside bırakın, sonra tamamen soğumaları için ızgara teline alın.

SAKLAMA Kurabiyeleriniz hava geçirmez kapta 5 gün dayanır.

FIRINCIDAN İPUCU

Yulaflı bisküvi tariflerinde ustalaştıktan sonra taze ve kurutulmuş meyveler ve kuruyemişlerle veya karışıma günebakan ya da kabak çekirdekleri ekleyerek farklı kombinasyonlar deneyebilirsiniz.

Elmalı ve Tarçınlı Yulaflı

Hamura rendelenmiş elma ilavesi, kurabiyeleri yumuşak ve sakızımsı yapar.

24 KİŞİLİK | 20 DAKİKA | 10-15 DAKİKA | 8 HAFTA KADAR

Malzemeler

100 gr tuzsuz tereyağı, yumuşatılmış
200 gr yumuşak, light esmer şeker
1 yumurta
1 çay kaşığı vanilya esansı
1 yemek kaşığı süzme bal
125 gr kendi kabaran un, elenmiş
125 gr yulaf
2 çay kaşığı tarçın
Bir tutam tuz
2 elma, soyulup çekirdekleri çıkarılmış ve ince rendelenmiş
Biraz süt, gerekirse

Yapılışı

1 Fırınınızı önceden 190°C'de ısıtın. Tereyağı ve şekeri bir kâsede pürüzsüz olana dek mikserle çırpın. Yumurta, vanilya esansı ve balı ekleyin, iyice çırparak pürüzsüz bir karışım elde edin.

2 Unu, yulafı, tarçını ve tuzu kremalı karışımla birleştirerek tahta bir kaşıkla karıştırın. Elmaları da ekleyin. Eğer karışım çok sertse biraz süt ekleyin. Ceviz büyüklüğünde parçalar koparıp avuç içlerinizde yuvarlayın.

3 İki veya üç tepsiye parşömen döşeyin ve hafifçe düzleştirin, hamurları hafifçe yassıltarak ve aralarında mesafe bırakarak tepsilere dizin.

4 Esmerleşene kadar 10-15 dakika pişirin. Hafifçe ılınmaya bırakın ve sonra ızgara teline aktarıp tamamen soğutun.

SAKLAMA Kurabiyeleriniz hava geçirmez bir kapta 5 gün dayanır.

Beyaz Çikolatalı ve Macadamia Fındıklı

Bu tarifte klasik çikolatalı kurabiyelere sofistike bir dokunuş getiriliyor.

24 KİŞİLİK | 25 DAKİKA | 10–15 DAKİKA | 4 HAFTA KADAR

Soğutma süresi
30 dakika

Malzemeler

150 gr kaliteli siyah çikolata, parçalara ayrılmış
100 gr kendi kabaran un
25 gr toz kakao
75 gr tuzsuz tereyağı, yumuşatılmış
175 gr yumuşak, light esmer şeker
1 yumurta, çırpılmış
1 çay kaşığı vanilya esansı
50 gr Avustralya fındığı, iri kıyılmış
50 gr beyaz çikolata parçaları

Yapılışı

1 Fırınınızı önceden 180°C'de ısıtın. Çikolatayı, kaynayan su dolu bir tencerenin üzerine oturtulmuş ısıya dayanıklı bir kapta eritin. Kâse suya değmemelidir. Bir kenarda soğumaya bırakın. Unu ve kabartma tozunu birlikte eleyin.

2 Geniş bir kâsede tereyağı ve şekeri açık renk ve kabarık olana dek mikserle çırpın. Yumurta ve vanilya esansını da ekleyin. Unlu karışıma ilave edin. Çikolatayı da katıp birleşmeleri için iyice karıştırın. Son olarak Macadamia fındıklarını ve beyaz çikolata parçalarını ekleyip kâsenin üzerini kapatarak 30 dakika soğutun.

3 Soğumuş hamurdan kaşıkla alarak parşömen serili tepsilere en az 5'er cm aralıkla dizin.

4 Fırının üstüne yakın, ortaları yumuşak kalacak şekilde pişene kadar 10-15 dakika fırınlayın. Birkaç dakika tepsilerde beklettikten sonra tamamen soğumaları için ızgara teline alın.

SAKLAMA Kurabiyeleriniz hava geçirmez bir kapta 3 gün dayanır.

Tereyağlı Bisküviler

Bu ince, şık bisküviler en sevdiğim tariflerden biri. Hızlı, basit ve kesinlikle iştah açıcılar.

30 KİŞİLİK | **15** DAKİKA | **10–15** DAKİKA | **8 HAFTA** KADAR

Özel gereçler

7 cm'lik yuvarlak hamur kesici

Bıçak aparatlı mutfak robotu (arzuya bağlı)

Malzemeler

100 gr toz şeker

225 gr sade un, elenmiş. Ayrıca biraz da üzerine serpmek için.

150 gr tuzsuz tereyağı, yumuşatılmış ve doğranmış

1 yumurta sarısı

1 çay kaşığı vanilya esansı

1 Fırınınızı önceden 180°C'de ısıtın. Yapışmaz yüzeyli birkaç fırın tepsisi hazırlayın.

2 Şeker, un ve tereyağını geniş bir kâseye veya mutfak robotunun haznesine koyun.

3 Malzemeleri ekmek kırıntısı görünümü alana dek elinizle ovalayın veya robotta aralıklı çekin.

4 Yumurta sarısını ve vanilya esansını ekleyin ve karışımı bir hamur haline getirin.

5 Hamuru hafifçe unlanmış bir yüzeye alıp pürüzsüz olana dek yoğurun.

6 Hamuru unlayın ve yaklaşık 5 mm kalınlığında açın.

7 Hamuru tezgâhtan kaldırmak ve yapışmasını engellemek için bir spatula kullanın.

8 Eğer hamur çok yapışkansa 15 dakika soğutun ve yeniden deneyin.

9 Hamur kesici ile yuvarlak bisküviler kesin ve fırın tepsilerine aktarın.

10 Hamurdan kalanları 5 mm kalınlığında açın. Bisküvileri keserek hamuru bitirin.

11 Partiler halinde 10-15 dakika, kenarlarından kızarmaya başlayana kadar pişirin.

12 Bisküvileri elinizle tutacak kadar ılıtın, sonra ızgara teline alın.

13 Tereyağlı bisküvileri servisten önce tamamen soğutun. **SAKLAMA** Bisküviler hava geçirmez bir kapta 5 gün dayanır.

Tereyağlı Bisküvi çeşitleri

Zencefil Şekerlemeli

Zencefil şekerlemesi lezzete ayrı bir derinlik ve sıcaklık katıyor.

30 KİŞİLİK | 15 DAKİKA | 12-15 DAKİKA | 8 HAFTA KADAR

Özel gereçler

7 cm'lik yuvarlak hamur kesici
Bıçak aparatlı mutfak robotu (arzuya bağlı)

Malzemeler

100 gr toz şeker
225 gr sade un, elenmiş. Ayrıca biraz da unlamak için.
150 gr tuzsuz tereyağı, yumuşatılmış ve doğranmış
1 çay kaşığı toz zencefil
50 gr zencefil şekerlemesi, ince kıyılmış
1 yumurta sarısı
1 çay kaşığı vanilya esansı

Yapılışı

1 Fırınınızı önceden 180°C'de ısıtın. 3 veya 4 yapışmaz tabanlı fırın tepsisi hazırlayın. Şeker, un ve tereyağını bir kâsede veya mutfak robotunun haznesinde, ekmek kırıntısı görünümü alana dek ovalayın veya karıştırın. Toz ve şekerleme halindeki zencefilleri ekleyin.

2 Yumurta sarısını ve vanilya esansını ekleyip karışımı hamur haline getirin. Hafifçe unlanmış bir yüzeye alıp pürüzsüz bir hamur haline getirin.

3 Hamuru unlayıp 5 mm kalınlığında açın. Hamur kesici ile bisküvi şeklinde kesin ve fırın tepsilerine alın.

4 12-15 dakika, kenarları kızarana kadar fırınlayın. Birkaç dakika tepsilerde bekletip tamamen soğumaları için ızgara teline alın.

SAKLAMA Bisküviler hava geçirmez bir kapta 5 gün dayanır.

Bademli Tereyağlı

Badem esansı ilavesi bu lezzetli bisküvilere oldukça olgun ama aşırı olmayan bir tatlılık katıyor.

30 KİŞİLİK | 15 DAKİKA | 12-15 DAKİKA | 8 HAFTA KADAR

Özel gereçler

7 cm'lik yuvarlak hamur kesici
Bıçak aparatlı mutfak robotu (arzuya bağlı)

Malzemeler

100 gr toz şeker
225 gr sade un, elenmiş. Ayrıca biraz da unlamak için.
150 gr tuzsuz tereyağı, yumuşatılıp doğranmış
40 gr file badem, hafifçe kavrulmuş
1 yumurta sarısı
1 çay kaşığı badem esansı

Yapılışı

1 Fırınınızı önceden 180°C'de ısıtın. 3 veya 4 yapışmaz tabanlı fırın tepsisi hazırlayın. Şeker, un ve tereyağını bir kâsede veya mutfak robotunun haznesinde, ekmek kırıntısı görünümü alana dek ovalayın veya karıştırın. Bademleri ekleyin.

2 Yumurta sarısı ve badem esansını da ilave edip karışımı hamur haline getirin. Pürüzsüz olana dek yoğurup 5 mm kalınlığında açın.

3 Kesici ile bisküvi şeklinde kesip fırın tepsilerine alın. 12-15 dakika, kenarlarından kızarana kadar pişirin. Birkaç dakika bekletip soğumaları için ızgara teline alın.

SAKLAMA Bisküviler hava geçirmez bir kapta 5 gün dayanır.

FIRINCIDAN İPUCU

Badem esansı alırken sentetik aromalar eklenmemiş olmasına dikkat edin. Akşam yemeği sonrası kahve ile ikram edilecek mükemmel bisküviler için hamuru daha ince açın ve 5-8 dakika pişirin.

Spritzgebäck (Sıkma)

Bu lezzetli, tereyağlı bisküviler geleneksel olarak Noel'de ikram edilen klasik bir Alman kurabiyesinden esinlenmiştir. ➤

45 ADET | 45 DAKİKA | 15 DAKİKA

Özel gereçler

Krema sıkıcı ve yıldız uç

Malzemeler

380 gr tereyağı, yumuşatılmış
250 gr toz şeker
Birkaç damla vanilya esansı
Bir tutam tuz
500 gr sade un, elenmiş
125 gr öğütülmüş badem
2 yumurta sarısı, gerekirse
100 gr sütlü veya siyah çikolata

Yapılışı

1 Fırınınızı önceden 180°C'de ısıtın. 2-3 fırın tepsisini parşömenle kaplayın. Tereyağını bir kâseye alıp pürüzsüz olana dek dövün. İçine şeker, vanilya ve tuzu ekleyip sertleşene ve şeker emilene kadar karıştırın. Unun üçte ikisini azar azar, her seferinde biraz karıştırarak ekleyin.

2 Kalan unu ve bademleri ekleyin ve karışımı yoğurarak bir hamur yapın. Hamuru krema sıkıcıya alıp fırın tepsilerine 7,5 cm uzunluğunda parçalar sıkın. Gerekirse hamuru iki yumurta sarısı ile inceltin.

3 12 dakika veya kızarana kadar pişirin ve ızgara teline alın. Kaynayan su dolu bir tencerenin üzerindeki bir kâsede çikolatayı eritin. Bisküvilerin bir ucunu erimiş çikolataya batırın ve süzülmesi için tekrar ızgara teline koyun.

SAKLAMA Bisküviler hava geçirmez bir kapta 2-3 gün dayanır.

Zencefil Adam

Çocuklar zencefil adam yapmaya bayılırlar. Çabuk hazırlanır ve hamuru da küçük fırıncılar için kolaydır.

16 ADET | 20 DAKİKA | 10–12 DAKİKA | 8 HAFTA PİŞMEMİŞ

Özel gereçler

11 cm'lik zencefil adam şeklinde hamur kesici
İnce uçlu krema sıkıcı (arzuya bağlı)

Malzemeler

4 yemek kaşığı şeker pekmezi
300 gr sade un. Ayrıca biraz da unlamak için.
1 çay kaşığı karbonat
1½ çay kaşığı toz zencefil
1½ çay kaşığı karışık baharat
100 gr tuzsuz tereyağı, yumuşatılıp doğranmış
150 gr yumuşak, esmer şeker
1 yumurta
Kuru üzüm, süslemek için
Pudra şekeri, elenmiş (arzuya bağlı)

1 Fırınınızı önceden 190°C'de ısıtın. Pekmezi sıvılaşana kadar ısıtın ve sonra soğutun.

2 Un, karbonat ve baharatları bir kâsede karıştırın. Tereyağını ekleyin.

3 Karışım ekmek kırıntısı görünümü alana dek parmak uçlarınızla ovalayın.

4 Şekeri de ekleyip iyice karıştırın.

5 Yumurtayı soğumuş şuruba ekleyip iyice karışana dek çırpın.

6 Karışıma bir havuz açıp içine pekmezli karışımı dökün ve sert bir hamur haline getirin.

7 Hafifçe unlanmış bir yüzeyde hamuru pürüzsüz olana dek yoğurun.

8 Hamuru unlayıp 5 mm kalınlığında açın.

9 Kesiciyi kullanarak olabildiğince çok şekil kesin. Yapışmaz tabanlı fırın tepsilerine aktarın.

10 Hamurdan kalan parçaları yeniden açın ve tüm hamur bitene kadar işlemi tekrarlayın.

11 Adamları kuru üzümle süsleyerek onlara gözler, ağız ve düğmeler yapın.

12 Kızarana kadar 10-12 dakika pişirin. Izgara teline alıp tamamen soğumalarını bekleyin.

13 Kaplama için biraz pudra şekerini yeterli suyla karıştırıp ince bir kaplama karışımı elde edin.

14 Karışımı krema sıkıcıya alın; krema torbasını bir sürahiye yerleştirmeniz işinizi kolaylıştırır.

15 Sıktığınız kaplama ile adamları giysiler, saç veya istediğiniz şekille süsleyebilirsiniz.

16 Servisten veya saklamadan önce kaplamanın donması için bir süre bekleyin.

SAKLAMA Zencefil adamlarınız hava geçirmez bir kapta 3 gün dayanır.

Zencefilli çeşitlemeler

Baharatlı İsveç Bisküvileri

İsveç'in geleneksel Noel bisküvilerinin bir başka versiyonu. Gerçekten otantik bir sonuç için cesaret edebildiğiniz kadar ince açın ve daha az pişirin.

60 TANE | 20 DAKİKA | 10 DAKİKA | 8 HAFTA PİŞMEMİŞ

Soğutma süresi
1 saat

Özel gereçler
7 cm'lik kalp veya yıldız şekilli hamur kesicileri

Malzemeler
125 gr tuzsuz tereyağı, yumuşatılmış
150 gr toz şeker
1 yumurta
1 yemek kaşığı şeker pekmezi
1 yemek kaşığı siyah melas
250 gr sade un. Ayrıca biraz da unlamak için.
Bir tutam tuz
1 çay kaşığı tarçın
1 çay kaşığı toz zencefil
1 çay kaşığı karışık baharat

Yapılışı

1 Tereyağı ve şekeri mikserle çırpın. Yumurta, pekmez ve melası ekleyip karıştırın. Un, tuz ve baharatları ayrı bir kâseye eleyin. Unlu karışımı bisküvi hamuruyla birleştirin ve hepsini karıştırıp sert bir hamur yoğurun.

2 Pürüzsüz olana kadar biraz yoğurun, plastik bir torbaya koyup 1 saat soğutun.

3 Fırınınızı önceden 180°C'de ısıtın. Hamuru 3 mm kalınlığında açın ve hamur kesiciyle şekilli olarak kesin.

4 Bisküvileri yapışmaz tabanlı birkaç tepsiye aktarın ve fırının üst kısmına yakın kısmında kenarları hafifçe koyulaşana dek 10 dakika kadar pişirin. Birkaç dakika tepsilerde bekletip sonra soğuması için ızgara teline alın.

SAKLAMA Bisküviler hava geçirmez bir kapta 5 gün dayanır.

FIRINCIDAN İPUCU

Bu tarif İsveç'in geleneksel Noel bisküvisi *Pepparkakor*'dan esinlenmiştir. Geleneksel İsveç tarzında bir Noel ağacı süslemek için bisküvileri kalp şeklinde kesin ve pişirmeden önce üst kısımlarına bıçakla bir yarık açın. Piştikten sonra kırmızı bir kurdele kullanarak bisküvileri ağaca asabilirsiniz.

Zencefilli Kuruyemişli Bisküvi

Kıyılmış kuruyemiş ilavesi, bu bisküvileri daha da özel yapıyor.

45 ADET | 30 DAKİKA | 8–10 DAKİKA | 8 HAFTA PİŞMEMİŞ

Özel gereçler
7 cm'lik hamur kesici (herhangi bir şekilde)

Malzemeler
250 gr sade un. Ayrıca biraz da unlamak için.
2 çay kaşığı kabartma tozu
175 gr toz şeker
Birkaç damla vanilya esansı
½ çay kaşığı karışık baharat
2 çay kaşığı toz zencefil
100 gr süzme bal
1 yumurta, akı ayrılmış
4 çay kaşığı süt
125 gr tereyağı, yumuşatılmış ve doğranmış
125 gr öğütülmüş badem
Kıyılmış fındık veya badem, süslemek için

Yapılışı

1 Fırınınızı önceden 180°C'de ısıtın. İki fırın tepsisine parşömen döşeyin.

2 Un ve kabartma tozunu bir kâseye eleyin. Kıyılmış kuruyemiş dışındaki malzemeleri ekleyin. Tahta bir kaşıkla hepsini karıştırarak yumuşak bir hamur elde edin. Hamuru top haline getirmek için ellerinizi kullanın.

3 Hamuru hafifçe unlanmış bir yüzeyde 5 mm kalınlığında açın. Hamur kesiciyle bisküvileri kesin ve tepsilere yerleştirin. Yayılacakları için aralarında mesafe bırakın. Yumurta akını çırpıp bisküvilerin üzerine sürün ve kuruyemişleri serpiştirin. 8-10 dakika veya hafif esmerleşene kadar pişirin.

4 Fırından alın ve birkaç dakika tepsilerde ılıtın. Sonra ızgara teline aktararak tamamen soğutun.

SAKLAMA Bu zencefilli bisküviler hava geçirmez bir kapta 3 gün dayanır.

Tarçınlı Yıldızlar

Bu klasik Alman kurabiyeleri harika bir son dakika Noel hediyesidir.

30 ADET	20 DAKİKA	12–15 DAKİKA	4 HAFTA PİŞMEMİŞ

Soğuma süresi
1 saat

Özel gereçler
7 cm'lik yıldız şekilli hamur kesici

Malzemeler
2 büyük yumurtanın akı
225 gr pudra şekeri. Biraz da serpmek için.
½ çay kaşığı limon suyu
1 çay kaşığı tarçın
250 gr öğütülmüş badem
Bitkisel yağ, yağlamak için
Biraz süt, gerekirse

Yapılışı

1 Yumurta aklarını sertleşene kadar çırpın. İçine pudra şekerini koyup limon suyunu da ekleyerek koyulaşana ve parlak olana dek 5 dakika daha çırpın. Karışımdan 2 yemek kaşığı ayırın, üzerini kapatıp daha sonra kurabiyelerin üzerine kaplamak için bırakın.

2 Tarçın ve öğütülmüş bademleri yavaşça kalan karışıma ekleyin. Üstünü kapatıp 1 saat veya 1 gece buzdolabında bekletin. Karışım koyu bir ezme kıvamında olacaktır.

3 Fırınınızı önceden 160°C'de ısıtın. Tezgâhınıza pudra şekeri serpip hamuru üzerine alın. İçine de biraz pudra şekeri koyup yumuşak bir hamur yoğurun. Bir merdaneyi pudra şekerine bulayıp hamuru 5 mm kalınlığında açın.

4 Hamur kesiciyi ve yapışmaz tabanlı tepsileri yağlayın. Hamurdan yıldız şekiller kesin. Kurabiyeleri tepsilere dizin. Her birinin üzerine biraz mereng karışımı sürün; çok koyuysa biraz sütle inceltin.

5 Fırının üst kısmında 12-15 dakika veya kaplamalar sertleşene kadar pişirin. Tepsilerde en az 10 dakika beklettikten sonra ızgara teline alın.

SAKLAMA Bisküviler hava geçirmez bir kapta 5 gün dayanır.

Canestrelli

Bu lezzetli İtalyan bisküvileri tüy kadar hafiftir ve geleneksel olarak çiçek şeklinde hamur kesiciyle yapılırlar – bu kadar lezzetli bir bisküvi için uygun bir şekil.

20-30 ADET | 20 DAKİKA | 15-20 DAKİKA | 4 HAFTA KADAR

Soğutma süresi
30 dakika

Özel gereçler
Çiçek şekilli hamur kesici ya da 2 farklı boyutta yuvarlak kesici

Malzemeler
3 yumurta sarısı, parçalanmamış
150 gr tuzsuz tereyağı, yumuşatılmış
150 gr pudra şekeri, elenmiş
½ limonun ince rendelenmiş kabuğu
150 gr patates nişastası
100 gr kendi kabaran un (veya buğdaya alerjiniz varsa daha fazla patates nişastası)

Yapılışı

1 Yumurta sarılarını, kısık ateşte kaynayan su dolu bir tencerenin içine yavaşça kaydırın. 5 dakika, tamamen sertleşene kadar pişirin sonra sudan çıkarıp soğumaları için bir kenara ayırın. Soğuduktan sonra bir kaşığın tersiyle ince delikli metal bir süzgeçten küçük bir kâseye sıyırın.

2 Tereyağı ve pudra şekerini hafif ve kabarık olana dek mikserle çırpın. Yumurta sarılarını ve limon kabuğunu ekleyip iyice karıştırın.

3 Unları birlikte eleyin ve bisküvi hamuruna ekleyin. İyice karıştırarak pürüzsüz, yumuşak bir hamur elde edin. Hamuru plastik bir torbaya koyarak sertleşmesi için buzdolabında 30 dakika bekletin. Fırınınızı önceden 160°C'de ısıtın ve 3 veya 4 yapışmaz tabanlı fırın tepsisini hazır bulundurun.

4 Soğutulmuş hamuru hafifçe unlanmış bir yüzeyde 1 cm kalınlığında açın. Geleneksel çiçek şeklinde veya başka şekillerde bisküviler kesin. Çiçek şekilli kesiciniz yoksa bir büyük ve bir küçük kesiciyle halkalar şeklinde kesebilirsiniz.

5 Bisküvileri tepsilere dizin ve fırının üst kısmında 15-17 dakika, kızarana kadar pişirin. Canestrelliler sıcakken çok narindir, bu nedenle, tamamen soğumaları için ızgara teline almadan önce en az 10 dakika tepsilerde bekletin.

SAKLAMA Canestrelliler hava geçirmez bir kapta 5 gün dayanır.

FIRINCIDAN İPUCU

Bu lezzetli bisküviler İtalya'nın Liguria bölgesindendir. Hafif dokuları tarifteki geleneksel patates nişastasından gelir. Eğer patates nişastası bulamazsanız, biraz unu buğday nişastasıyla karıştırabilirsiniz ya da sade un kullanabilirsiniz.

Makaronlar

Bu badem merengli bisküvilerin (Fransız makaronlarıyla karıştırılmamalıdır) dışları gevrek, içleri sakız gibidir.

24 ADET | 10 DAKİKA | 12–15 DAKİKA

Özel gereçler
Yenebilir kâğıt (arzuya bağlı)

Malzemeler
2 yumurta akı
225 gr toz şeker
125 gr öğütülmüş badem
30 gr pirinç unu
Birkaç damla badem esansı
25 adet beyazlatılmış badem

1 Fırınınızı önceden 180°C'de ısıtın. Yumurta aklarını koyulaştırmak için mikser kullanın.

2 Koyu, parlak bir mereng elde etmek için şekeri azar azar (birer kaşık) ekleyin.

3 Öğütülmüş badem, pirinç unu ve badem esansını iyice karıştırın.

4 Yenebilir kâğıt kullanıyorsanız iki tepsi arasında paylaştırın ya da parşömen döşeyin.

5 Karışımı alıp şekil vermek için iki çay kaşığı kullanın. Kaşıkları aralarda temizleyip kurulayın.

6 Her parça kâğıdın üzerine karışımdan 4 çay kaşığı koyun, aralık bırakmaya dikkat edin.

7 Karışıma yuvarlak şekil verin. Her bisküvinin ortasına bir adet beyazlatılmış badem koyun.

8 Makaronları fırının orta katında, kızarana kadar 12-15 dakika pişirin.

9 Tamamen soğumaları için ızgara teline alın ve soğuduktan sonra bisküvileri kâğıttan yırtın.

Makaronlar yapışmaya yatkındırlar ama yenebilir kâğıt kullandığınızda bisküvinin üzerinde kalan kâğıtlar sorun olmaz.

SAKLAMA Makaronların pişirildikleri gün tüketilmeleri tavsiye edilir ama biraz kurusalar da hava geçirmez bir kapta 2-3 gün durabilirler.

Makaron çeşitleri

Hindistancevizli Makaronlar

Hindistancevizli makaronlar buğday içermezler ve yapılmaları çok kolaydır. Ben hafif bir ikram olması için tarifimden çikolatayı çıkardım.

18-20 ADET | 20 DAKİKA | 15-20 DAKİKA

Soğutma süresi
2 saat

Özel gereçler
Yenebilir kâğıt (arzuya bağlı)

Malzemeler
1 yumurta akı
50 gr toz şeker
Bir tutam tuz
½ çay kaşığı vanilya esansı
100 gr ince kıyılmış, kurutulmuş veya tatlandırılmış hindistancevizi

Yapılışı

1 Fırınınızı önceden 160°C'de ısıtın. Geniş bir kâsede yumurta aklarını sertleşene kadar mikserle çırpın. Şekeri, hepsi bitene ve karışım koyu, parlak bir kıvam alana kadar, aralarda iyice karıştırarak azar azar ekleyin.

2 Tuz ve vanilya esansını ekleyin ve karışmaları için biraz çırpın.

3 Hindistancevizini ekleyin. Üstünü kapatıp buzdolabında 2 saat sertleşmesini bekleyin. Bu aynı zamanda kurutulmuş hindistancevizinin de nemlenip yumuşamasını sağlayacaktır.

4 Bir fırın tepsisine yenebilir kâğıt veya parşömen döşeyin. Karışımdan dolu kaşıklarla tepsiye aktarın; her bir parçanın küçük bir tepecik şeklinde olmasına dikkat edin.

5 Fırının orta kısmında, esmerleşene kadar 15-20 dakika pişirin. Sertleşmeleri için makaronları en az 10 dakika tepside bekletin ve sonra tamamen soğumaları için ızgara teline alın.

SAKLAMA Makaronlar hava geçirmez bir kapta 5 gün dayanır.

Çikolatalı Makaronlar

Çikolatalı versiyon için temel makaron hamuruna toz kakao ekleyin.

24 ADET | 20 DAKİKA | 15 DAKİKA | 4 HAFTA KADAR

Soğutma süresi
30 dakika

Özel gereçler
Yenebilir kâğıt (arzuya bağlı)

Malzemeler
2 yumurta akı
225 gr toz şeker
100 gr öğütülmüş badem
30 gr pirinç unu
25 gr toz kakao, elenmiş
25 bütün, beyazlatılmış badem

Yapılışı

1 Fırınınızı önceden 160°C'de ısıtın. Geniş bir kâsede yumurta aklarını sertleşene kadar mikserle çırpın. Şekeri, hepsi bitene ve karışım koyu ve parlak bir kıvam alana kadar, aralarda iyice karıştırarak azar azar ekleyin.

2 Bademleri, pirinç ununu ve sonra kakaoyu ekleyin. Üstünü kapatıp buzdolabında sertleşmesi için 30 dakika bekletin. Bir fırın tepsisine yenilebilir kâğıt veya parşömen döşeyin.

3 Karışımdan dolu kaşıklarla tepsiye aktarın; genişleyecekleri için aralarında en az 4 cm boşluk bırakın. Her bir parçanın küçük bir tepecik şeklinde olmasına dikkat edin, hepsinin üstüne beyazlatılmış birer badem koyun.

4 Makaronları fırının üst kısmında içleri gevrek ve kenarları esnek olana dek 12-15 dakika pişirin. En az 5 dakika tepsilerde ılınmalarını sağlayın ve sonra tamamen soğumaları için ızgara teline alın.

SAKLAMA Aynı gün tüketilmesi tavsiye edilir ama hava geçirmez bir kapta 2-3 gün dayanır.

Kahve ve Fındıklı Makaronlar

Bu çekici, küçük bisküvileri hazırlaması çok kolaydır, içleri lezzet doludur ve akşam yemeğinden sonra kahvenin yanında servis edildiklerinde çok güzel görünürler, özellikle de küçük yaptıysanız.

20 ADET | 30 DAKİKA | 20 DAKİKA | 4 HAFTA KADAR

Soğutma süresi
30 dakika

Özel gereçler
Mutfak robotu ve bıçağı
Yenebilir kâğıt (arzuya bağlı)

Malzemeler
- 150 gr fındık, kabukları çıkarılmış. Ayrıca 20 adet daha.
- 2 yumurta akı
- 225 gr toz şeker
- 30 gr pirinç unu
- 1 çay kaşığı çözünebilir kahve, 1 çay kaşığı kaynar suda eritilip soğutulmuş veya eşit miktarda soğutulmuş espresso

Yapılışı

1 Fırınınızı önceden 180°C'de ısıtın. Fındıkları tepsiye koyup 5 dakika fırınlayın. Bir mutfak havlusuna alıp ovalayarak iç kabuklarını çıkarın. Soğumaları için bir kenara ayırın.

2 Yumurta aklarını sertleşene kadar çırpın. Şekeri, hepsi bitene ve karışım koyulaşana kadar aralarda karıştırarak azar azar yedirin.

3 Mutfak robotunda fındıkları toz haline getirin. Pirinç unu ile birlikte mereng karışımına ekleyin ve 1 çay kaşığı kahveyi ilave edin. Üstünü kapatıp buzdolabında sertleşmesi için 30 dakika bekletin.

4 Aralarında en az 4'er cm boşluk bırakarak parşömen veya yenebilir kâğıt döşenmiş tepsilere karışımdan kaşıkla aktarın. Her parçanın bir tepecik şeklinde olmasına dikkat edin ve ortalarına birer fındık koyun.

5 Makaronları fırının üst kısmında 12-15 dakika, gevrekleşene ve hafif renk değiştirene kadar pişirin, eğer küçük makaronlar yapıyorsanız 10 dakika sonra kontrol etmelisiniz. Tepsilerde 5 dakika beklettikten sonra ızgara teline alın.

SAKLAMA Aynı gün tüketilmesi tavsiye edilir ancak hava geçirmez bir kapta 2-3 gün dayanır.

FIRINCIDAN İPUCU
Eski moda makaronlar son zamanlarda daha güzel görünümlü Fransız kuzenlerinin (bkz. s. 158-163) gölgesinde kaldı. Ancak makaronlar da onlar gibi buğdaysızdır ve daha alçakgönüllü bir güzellik taşır.

Çilekli ve Kremalı Makaronlar

Makaron yapma sanatı karmaşık görünebilir ama ben burada evde yapılmaya uygun bir tarif geliştirmeyi deniyorum.

20 ADET | 30 DAKİKA | 18–20 DAKİKA

Özel gereçler
Bıçak aparatlı mutfak robotu
Küçük, düz uçlu krema sıkıcı

Malzemeler
100 gr pudra şekeri
75 gr öğütülmüş badem
2 büyük yumurta akı, oda sıcaklığında
75 gr toz şeker

Dolgu için
200 ml yağlı krema
5-10 adet çok büyük çilek, tercihen makaronlarla aynı büyüklükte.

1 Fırınınızı önceden 150°C'de ısıtın. İki fırın tepsisini silikon kâğıtla kaplayın.

2 Kâğıda aralarında 3'er cm boşluk bırakarak 20 x 3 cm'lik daireler çizip kâğıdın tersini çevirin.

3 Mutfak robotunda bademlerle pudra şekerini çok ince öğütün.

4 Geniş bir kâsede yumurta aklarını sertleşene kadar mikserle çırpın.

5 Çırpmaya devam ederek toz şekeri azar azar ekleyin.

6 Mereng karışımı bu aşamada İsveç merenginden daha sert olmalıdır.

7 Bademli karışımı kaşık kaşık ekleyerek iyice yedirin.

8 Makaron karışımını krema sıkıcıya aktarın, torbayı bir kâseye geçirmeniz işinizi kolaylaştırır.

9 Torbayı dik tutarak işaretlediğiniz dairelerin ortasına karışımdan sıkın.

10 Dairelerin hacim ve boyut olarak eşit olmalarına dikkat edin; karışım biraz yayılacaktır.

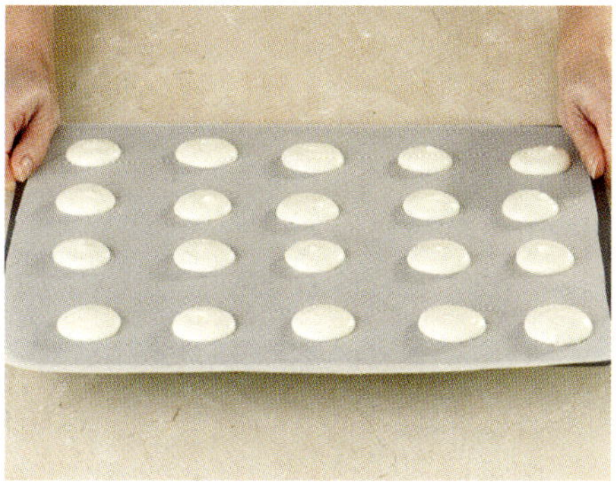

11 Tepsileri birkaç kez yere vurarak ortada kalmış olabilecek çıkıntıları yok edin.

12 Fırının ortasında 18-20 dakika, makaronların üstleri sertleşene kadar pişirin.

13 Bir tanesinde test edin: Parmağınızı sertçe bastırdığınızda makaronun tepesi kırılmalıdır.

14 15-20 dakika beklettikten sonra ızgara teline alarak tamamen soğutun.

15 Krema sertleşene kadar çırpın. Az çırparsanız makaronların kenarından sızıp yumuşatacaktır.

16 Kremayı önceden kullandığınız (temizlenmiş) ve aynı uç takılı krema torbasına aktarın.

17 Makaronların yarısının düz taraflarına çırpılmış kremadan sıkın.

18 Çilekleri enlemesine ince dilimleyin, çaplarının makaronlarla aynı olmasına dikkat edin.

19 Her makaronun üzerindeki krema dolgusunun tepesine bir dilim çilek yerleştirin.

20 Kalan makaronları üstlerine kapatıp hafifçe bastırın. Dolgu malzemesi aradan sızmalıdır.

21 Hemen servis edin. **ÖNCEDEN HAZIRLAMA** Doldurulmamış makaronlar 3 gün saklanabilir.

Makaron çeşitleri

Mandalinalı Makaronlar

Bu tarifte merengin tadını dengelemek için sıradan portakallar yerine keskin, lezzetli mandalinalar kullanılmıştır.

20 ADET | 30 DAKİKA | 18-20 DAKİKA

Özel gereçler
Bıçak aparatlı mutfak robotu

Malzemeler
100 gr pudra şekeri
75 gr öğütülmüş badem
1 çay kaşığı ince rendelenmiş mandalina kabuğu
2 büyük yumurtanın akı, oda sıcaklığında
75 gr toz şeker
3-4 damla turuncu gıda boyası

Dolgu için
100 gr pudra şekeri
50 gr tuzsuz tereyağı, yumuşatılmış
1 yemek kaşığı mandalina suyu
1 silme çay kaşığı ince rendelenmiş mandalina kabuğu

Yapılışı

1 Fırınınızı önceden 150°C'de ısıtın. İki fırın tepsisini silikon kâğıtla kaplayın. Kurşun kalemle, aralarında 3'er cm boşluk bırakarak 3 cm'lik daireler çizin. Pudra şekeri ve öğütülmüş bademleri mutfak robotunda iyice karışana dek çekin. Mandalina kabuğunu da ekleyip kısaca karıştırın.

2 Yumurta aklarını sertleşene kadar bir kâsede çırpın. Toz şekeri aralarda iyice karıştırarak azar azar ekleyin. Gıda boyasını da karıştırın.

3 Bademli karışımı da kaşık kaşık ilave edin. Krema sıkıcıya aktarın. Torbayı dikine tutup her dairenin ortasına karışımdan sıkın.

4 Fırının ortasında 18-20 dakika, üstleri sertleşene kadar pişirin. Makaronları tepsilerde 15-20 dakika ılınmaya bırakın ve sonra tamamen soğumaları için ızgara teline alın.

5 Dolgusu için pudra şekeri, tereyağı, mandalina kabuğu ve suyunu pürüzsüz olana dek çırpın. Karışımı daha önce kullandığınız (temizlenmiş) aynı uçlu krema sıkıcıya aktarın. Makaronların yarısının düz taraflarına kaplamadan sıkın ve diğer yarısını da üstlerine kapatın. Aynı gün tüketin çünkü makaronlar yumuşayacaklardır.

ÖNCEDEN HAZIRLAMA Doldurulmamış makaronlar hava geçirmez bir kapta 3 gün saklanabilir.

Çikolatalı Makaronlar

Bu lezzetli makaronlar zengin, sütsüz çikolatalı bir tereyağlı krema ile doldurulmuşt

20 ADET | 30 DAKİKA | 18-20 DAKİKA

Özel gereçler
Bıçak aparatlı mutfak robotu

Malzemeler
50 gr öğütülmüş badem
25 gr toz kakao
100 gr pudra şekeri
2 büyük yumurtanın akı, oda sıcaklığında
75 gr toz şeker

Dolgu için
50 gr toz kakao
150 gr pudra şekeri
50 gr tuzsuz tereyağı, eritilmiş
3 yemek kaşığı süt, gerekirse biraz daha fazla.

Yapılışı

1 Fırınınızı önceden 150°C'de ısıtın. İki fırın tepsisini silikon kâğıtla kaplayın. Kurşun kalemle, aralarında 3'er cm boşluk bırakarak 3'er cm'lik daireler çizin. Öğütülmüş bademlerle kakao ve pudra şekerini mutfak robotunda iyice çekin.

2 Yumurta aklarını sertleşene kadar çırpın. Toz şekeri çırpmaya devam ederek ekleyin. Karışım sert olmalıdır. Bademli karışımdan kaşık kaşık ekleyin. Krema sıkıcıya aktarın. Torbayı dikine tutarak merengi her dairenin ortasına sıkın.

3 Fırının ortasında 18-20 dakika pişirin. Tepsilerde 15-20 dakika ılınmasını bekledikten sonra ızgara teline alın.

4 Dolgusu için kakao ve pudra şekerini bir kâseye eleyin. Tereyağı ve sütü ekleyip çırpın. Çok koyuysa biraz daha süt ekleyin. Krema sıkıcıya aktarın ve makaronların yarısının düz taraflarına sıkın. Kalan makaronları üstlerine kapatın. Aynı gün servis etmelisiniz çünkü makaronlar yumuşayacaktır.

ÖNCEDEN HAZIRLAMA Doldurulmamış makaronlar hava geçirmez bir kapta 3 gün saklanabilir.

Ahududulu Makaronlar

Resim gibi makaronlar yenemeyecek kadar güzel duruyorlar.

20 ADET | 30 DAKİKA | 18–20 DAKİKA

Özel gereçler
Bıçak aparatlı mutfak robotu

Malzemeler
100 gr pudra şekeri
75 gr öğütülmüş badem
2 büyük yumurtanın akı, oda sıcaklığında
75 gr toz şeker
3-4 damla pembe gıda boyası

Dolgu için
150 gr maskarpon peyniri
50 gr çekirdeksiz ahududu konservesi

Yapılışı

1 Fırınınızı önceden 150°C'de ısıtın. İki fırın tepsisini silikon kâğıtla kaplayın. Kurşun kalemle, aralarında 3'er cm boşluk bırakarak 3'er cm'lik daireler çizin. Öğütülmüş bademlerle pudra şekerini mutfak robotunda pürüzsüz hale gelip iyice karışana kadar çekin.

2 Yumurta aklarını bir kâsede sertleşinceye kadar çırpın. Toz şekeri aralarda iyice karıştırarak azar azar ekleyin. Gıda boyasını karıştırın.

3 Bademli karışımı kaşık kaşık ekleyin. Karışımı krema sıkıcıya alın. Torbayı dik tutarak merengi her dairenin ortasına sıkın.

4 Fırının orta kısmında üstleri sertleşene kadar 18-20 dakika pişirin. Tepsilerde 15-20 dakika beklettikten sonra tamamen soğumaları için ızgara teline çıkarın.

5 Dolgusu için maskarpon peynirini ve konserve ahududuları pürüzsüz olana kadar karıştırın ve daha önce kullandığınız (temizlenmiş) krema sıkıcıya aktarın. Makaronların yarısının düz taraflarına birer parça sıkın ve geri kalan makaronlarla üstlerini kapatın. Aynı gün servis edin çünkü makaronlar yumuşayacaktır.

ÖNCEDEN HAZIRLAMA Doldurulmamış makaronlar hava geçirmez bir kapta 3 gün saklanabilir.

FIRINCIDAN İPUCU
Makaron yapma becerisi malzemelerin oranlarından değil işin tekniğinden gelir. Mükemmel bir makaron yaratmanın yolu hafifçe karıştırmaktan, ağır, düz bir fırın tepsisi kullanmaktan ve karışımı tamamen dik konumda sıkmaktan geçer.

Vanillekipferl (Vanilyalı Ay Kurabiyesi)

Yarım ay şeklindeki bu Alman bisküvileri tam bir bayram tabağı oluşturacak şekilde Tarçınlı Yıldızlar'la (bkz. s. 151) aynı zamanda servis edilirler.

30 ADET | 35 DAKİKA | 15–17 DAKİKA | 4 HAFTA KADAR

Soğutma süresi
30 dakika

Malzemeler
200 gr sade un. Ayrıca biraz da unlamak için.
150 gr tuzsuz tereyağı, yumuşatılmış ve doğranmış
75 gr pudra şekeri
75 gr öğütülmüş badem
1 çay kaşığı vanilya esansı
1 yumurta, çırpılmış
Vanilyalı şeker veya pudra şekeri, servis için

Yapılışı

1 Unu geniş bir kâseye eleyin. Yumuşatılmış tereyağını ekleyip ekmek kırıntısı görünümü alıncaya kadar ovalayın. Elenmiş pudra şekerini ve öğütülmüş bademleri de ekleyin.

2 Vanilya esansını yumurtaya ilave edin sonra da unlu karışıma ekleyin. Karışımı yumuşak bir hamur haline getirin. Eğer yapışkansa biraz daha un ekleyebilirsiniz. Hamuru plastik bir torbaya koyup sertleşene kadar en az 30 dakika buzdolabında bekletin.

3 Fırınınızı önceden 160°C'de ısıtın. Hamuru ikiye ayırın ve hafifçe unlanmış bir yüzeyde her parçayı sosis şeklinde, yaklaşık 3 cm çapında yuvarlayın. Keskin bir bıçakla 1'er cm'lik parçalar kesin.

4 Kurabiyeleri oluşturmak için hamurdan bir parça alıp avuç içinizde 8 x 2 cm'lik bir sosis şekli vererek iki ucunu hafifçe inceltin. Ay şekli vermek için iki ucunu kıvırın. İki fırın tepsisine parşömen döşeyin ve kurabiyeleri, aralarında boşluk bırakarak dizin.

5 Kurabiyeleri fırının üst kısmında çok hafif renk değiştirene kadar, yaklaşık 15 dakika pişirin. Kahverengi olmamalıdırlar.

6 Kurabiyeleri 5 dakika tepsilerinde bırakın, sonra ya vanilyalı şekerle karıştırın ya da pudra şekeri serpip ızgara tel üzerinde soğumaya bırakın.

SAKLAMA Kurabiyeleriniz hava geçirmez bir kapta 5 gün dayanır.

FIRINCIDAN İPUCU

Almanların Noel geleneği olan bu yarım ay şeklindeki bisküviler lezzetli, gevrek dokularını öğütülmüş bademe borçludurlar. Pek çok tarif pişmiş bisküvileri vanilyalı şekerle karıştırmayı tavsiye etse de eğer bu zor geliyorsa bisküvi hamurunun içindeki vanilya esansı da yeterli olacaktır.

VANILLEKIPFERL

Florentin

Bu gevrek İtalyan bisküvilerinin içleri meyve ve kuruyemiş doludur ve dışları da kaliteli çikolata ile kaplıdır. Hızlı bir ikindi çayı ikramı olarak idealdir.

16–20 ADET | 20 DAKİKA | 15–20 DAKİKA

Malzemeler

60 gr tereyağı
60 gr toz şeker
1 yemek kaşığı bal
60 gr sade un, elenmiş
45 gr doğranmış karışık meyve kabuğu
45 gr kiraz şekerlemesi, ince kıyılmış
45 gr beyazlatılmış badem, ince kıyılmış
1 çay kaşığı limon suyu
1 yemek kaşığı yağlı krema
175 gr kaliteli siyah çikolata, parçalara ayrılmış

Yapılışı

1 Fırınınızı önceden 180°C'de ısıtın ve iki fırın tepsisini parşömenle kaplayın.

2 Tereyağı, şeker ve balı küçük bir tencereye koyup kısık ateşte eritin. Ilık hale gelinceye kadar soğutun. Çikolata dışındaki tüm malzemeleri içine ekleyin.

3 Karışımdan birer çay kaşığı dolusu alarak sırayla tepsiye dizin, aralarında yayılabilmeleri için boşluk bırakın.

4 Esmerleşene kadar 10 dakika pişirin. Renklerinin çok koyu olmasına izin vermeyin. Birkaç dakika tepside beklettikten sonra tamamen soğumaları için ızgara teline alın.

5 Çikolata parçalarını bir tencere kaynayan suyun üzerine yerleştirdiğiniz ısıya dayanıklı bir kâseye koyun. Kâsenin tabanının suya değmemesine dikkat edin.

6 Çikolata eriyince bir spatulayla her bisküvinin altına ince bir kat çikolata sürün. Bisküvileri çikolatalı kısımları üste gelecek şekilde ızgara teline dizin ve bekletin. Bisküvilere ikinci bir kat çikolata daha sürün. Tam donmak üzereyken çatalla dalgalı çizgiler yapın.

SAKLAMA Bisküvileriniz hava geçirmez bir kapta 5 gün dayanır.

FIRINCIDAN İPUCU

Üç farklı renkte Florentin yapabilirsiniz: Bisküvilerin üçte birini sütlü çikolata, üçte birini beyaz çikolata ve kalanını da siyah çikolata ile kaplayın. Veya çarpıcı bir etki yaratmak için bisküvilerin üzerine sürdüğünüz iki kat çikolatayı farklı renklerde kullanıp zikzak yapabilirsiniz.

Biscotti (İki kez pişirilmiş İtalyan bisküvisi)

Bu gevrek bisküviler güzel paket yapılabilmesi ve günlerce dayanmaları bakımından harika hediyelerdir.

25-30 ADET | 15 DAKİKA | 40-45 DAKİKA | 8 HAFTA KADAR

Malzemeler

50 gr tuzsuz tereyağı
100 gr bütün badem, iç ve dış kabukları soyulmuş
225 gr kendi kabaran un. Ayrıca biraz da unlamak için.
100 gr toz şeker
2 yumurta
1 çay kaşığı vanilya esansı

1 Tereyağını küçük bir tencerede kısık ateşte eritin ve soğumaya bırakın.

2 Fırınınızı önceden 180°C'de ısıtın. Bir fırın tepsisini parşömenle kaplayın.

3 Bademleri yapışmaz tabanlı bir tepsiye koyun. Fırının orta kısmına yerleştirin.

4 Bademleri bir kez sallayarak 5-10 dakika, hafifçe renk değiştirene kadar fırınlayın.

5 Bademleri elinize alabileceğiniz kadar soğutun ve irice doğrayın.

6 Unu ince bir elekten geçirerek geniş bir kâseye alın.

7 Şekeri ve öğütülmüş bademleri kâseye ekleyin ve iyice karıştırın.

8 Ayrı bir kâsede yumurta, vanilya esansı ve erimiş tereyağını çırpın.

9 Yumurtalı karışımı, bir çatalla karıştırarak una ekleyin.

10 Ellerinizi kullanarak malzemelerden bir hamur yoğurun.

11 Eğer karışım şekil vermek için çok ıslaksa un ekleyebilirsiniz.

12 Hamuru hafifçe unlanmış bir yüzeye alın.

13 Ellerinizle hamuru her biri 20 cm uzunluğunda ve somun şeklinde iki parçaya ayırın.

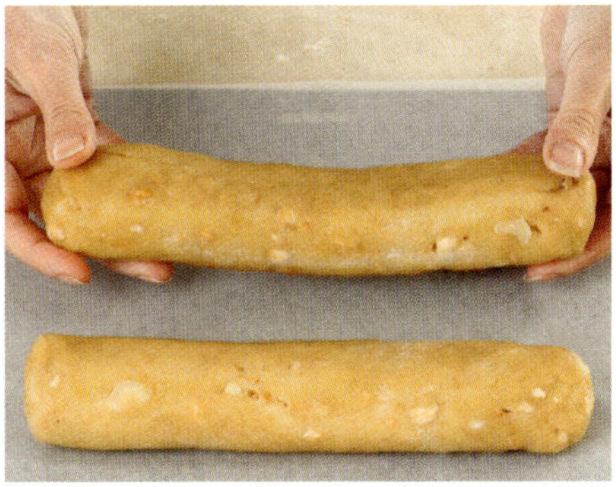

14 Tepsiye yerleştirip fırının ortasında 20 dakika pişirin.

15 Somunları fırından alın. Hafifçe ılıtıp bir doğrama tahtasına alın.

16 Tırtıklı bir bıçakla verev şekilde 3-5 cm'lik kalın dilimler halinde kesin.

17 Biscottileri tepsiye koyup daha da kurumaları için 10 dakika daha fırınlayın.

18 Bir spatulayla hepsini ters çevirip 5 dakika daha fırınlayın.

19 Sertleşmeleri ve tamamen kurumaları için ızgara telinin üzerinde soğutun.

DONDURMA Soğumuş biscottileri tepsilere yerleştirip katılaşana kadar dondurun.

Dondurucu torbalarına koyun. **SAKLAMA** Dondurulmamış halde hava geçirmez bir kapta 1 haftadan fazla dayanır.

Biscotti çeşitleri

Fındıklı ve Çikolatalı

Çikolata damlaları ekleyerek çocuklara özel bir alternatif yaratabilirsiniz.

25–30 ADET | 15 DAKİKA | 40–45 DAKİKA | 8 HAFTA KADAR

Malzemeler

100 gr bütün fındık, kabukları çıkarılmış
225 gr kendi kabaran un, elenmiş. Ayrıca biraz da unlamak için.
100 gr toz şeker
50 gr siyah çikolata damlaları
2 yumurta
1 çay kaşığı vanilya esansı
50 gr tuzsuz tereyağı, eritilip soğutulmuş

Yapılışı

1 Fırınınızı önceden 180°C'de ısıtın. Bir fırın tepsisine silikon kâğıt serin. Fındıkları başka bir tepside, arada bir kez sallayarak 5-10 dakika, hafifçe renk değiştirene kadar fırınlayın. Soğutup bir kurulama beziyle ovalayarak iç kabuklarını da soyun ve sonra irice doğrayın.

2 Bir kâsede un, şeker, kuruyemişler ve çikolata damlalarını karıştırın. Başka bir kâsede yumurtalar, vanilya esansı ve tereyağını çırpın. Sıvı ve kuru malzemeleri karıştırın ve bir hamur yoğurun. Eğer karışım çok cıvıksa kolay şekillenmesi için biraz un ekleyin.

3 Hamuru unlanmış bir yüzeye alın ve her biri 20 cm uzunluğunda, 7 cm kalınlığında ve somun şeklinde iki parçaya ayırın. Kâğıt serili tepsiye alıp fırının orta kısmında 15-20 dakika pişirin. Biscotti somunlarını fırından alıp hafifçe ılıtın. Tırtıklı bir bıçakla verev şekilde 3-5 cm eninde dilimler halinde kesin.

4 Dilimlenmiş biscottiyi 10 dakika sonra altüst ederek 15 dakika daha pişirin. Kenarları kızardığında ve sertleştiklerinde pişmiş demektirler. Izgara telinde soğutun.

SAKLAMA Hava geçirmez bir kapta 1 haftadan fazla dayanırlar.

Çikolatalı ve Brezilya Cevizli

Toz kakaoyla koyu renk verilmiş bu biscotti akşam yemeğinden sonra sert, sade bir kahvenin yanında ikram etmek için idealdir.

25–30 ADET | 15 DAKİKA | 40–45 DAKİKA | 8 HAFTA KADAR

Malzemeler

100 gr bütün Brezilya cevizi, kabukları çıkarılmış
175 gr kendi kabaran un, elenmiş. Ayrıca unlamak için.
50 gr toz kakao
100 gr toz şeker
2 yumurta
1 çay kaşığı vanilya esansı
50 gr tuzsuz tereyağı, eritilip soğutulmuş

Yapılışı

1 Fırınınızı önceden 180°C'de ısıtın. Bir fırın tepsisine silikon kâğıt serin. Cevizleri başka bir tepside, arada bir kez sallayarak 5-10 dakika, hafifçe renk değiştirene kadar fırınlayın. Soğutup bir kurulama beziyle ovalayarak iç kabuklarını da soyun ve sonra irice doğrayın.

2 Bir kâsede un, kakao, şeker ve cevizi karıştırın. Başka bir kâsede yumurtalar, vanilya esansı ve tereyağını çırpın. Sıvı ve kuru malzemeleri karıştırın ve bir hamur yoğurun. Eğer karışım çok cıvıksa kolay şekillenmesi için biraz un ekleyin.

3 Hamuru unlanmış bir yüzeye alın ve her biri 20 cm uzunluğunda, 7 cm kalınlığında ve somun şeklinde iki parçaya ayırın. Kâğıt serili tepsiye alıp fırının orta kısmında 15-20 dakika pişirin. Biscotti somunlarını fırından alıp hafifçe ılıtın. Tırtıklı bir bıçakla verev şekilde 3-5 cm eninde dilimler halinde kesin.

4 10 dakika sonra altüst ederek 15 dakika daha, esmerleşip sertleşene dek pişirin.
SAKLAMA Hava geçirmez bir kapta 1 haftadan fazla dayanırlar.

FIRINCIDAN İPUCU

Biscottinin sert, gevrek dokusu ve kızarmış lezzeti iki kez fırınlanmasından ileri gelir. Bu teknik aynı zamanda göreceli olarak daha uzun dayanmalarını da sağlar.

Antepfıstıklı ve Portakallı

Bu hoş kokulu biscotti kahve yanında veya bir kadeh tatlı şarapla da ikram edilebilir.

25–30 ADET | 15 DAKİKA | 40–45 DAKİKA | 8 HAFTA KADAR

Malzemeler

100 gr bütün antepfıstığı, kabukları çıkarılmış
225 gr kendi kabaran un. Ayrıca biraz da unlamak için.
100 gr toz şeker
1 portakalın ince rendelenmiş kabuğu
2 yumurta
1 çay kaşığı vanilya esansı
50 gr tuzsuz tereyağı, eritilip soğutulmuş

Yapılışı

1 Fırınınızı önceden 180°C'de ısıtın. Bir fırın tepsisine silikon kâğıt serin. Cevizleri başka bir tepside, arada bir kez sallayarak 5-10 dakika, hafifçe renk değiştirene kadar fırınlayın. Soğutup bir kurulama beziyle ovalayarak iç kabuklarını da soyun ve sonra irice doğrayın.

2 Bir kâsede un, şeker, portakal kabuğu ve fıstıkları karıştırın. Başka bir kâsede yumurtalar, vanilya esansı ve tereyağını çırpın. Sıvı ve kuru malzemeleri karıştırın ve bir hamur yoğurun.

3 Unlanmış bir yüzeye alın ve her biri 20 cm uzunluğunda, 7 cm kalınlığında ve somun şeklinde iki parçaya ayırın. Kâğıt serili tepsiye alıp fırının orta kısmında 15-20 dakika pişirin. Fırından alıp hafifçe ılıtın. Tırtıklı bir bıçakla verev şekilde 3-5 cm eninde dilimler halinde kesin.

4 10 dakika sonra altüst ederek 15 dakika daha, esmerleşip sertleşene dek pişirin.
SAKLAMA Hava geçirmez bir kapta 1 haftadan fazla dayanır.

Kurabiye

Bir İskoç klasiği olan bu kurabiye fırında çok hafif renk değiştirmelidir. Kahverengiye dönüyorsa üzerini folyolayın.

8 DİLİM | 15 DAKİKA | 30–40 DAKİKA

Soğutma süresi
1 süresi

Özel gereçler
18 cm'lik kelepçeli, yuvarlak kek kalıbı

Malzemeler
150 gr tuzsuz tereyağı, yumuşatılmış. Ayrıca biraz da yağlamak için.
75 gr toz şeker. Ayrıca biraz da üzerine serpmek için.
175 gr sade un
50 gr mısır unu

1 Fırınınızı önceden 160°C'de ısıtın. Kalıbı yağlayıp parşömen döşeyin.

2 Yumuşatılmış tereyağını ve şekeri geniş bir kâseye alın.

3 Tereyağı ve şekeri mikserle, açık renk ve kabarık olana dek çırpın.

4 Unu ve mısır ununu çok yavaşça karıştırarak ekleyin ve yedirdiğiniz anda karıştırmayı kesin.

5 Sert, kolayca ufalanan bir hamur yapın ve kalıba alın.

6 Hamuru ellerinizle, düz bir katman oluşturana kadar incelterek yayın.

7 Kurabiye hamurunun üzerinde keskin bir bıçakla 8 dilim çizin.

8 Dekoratif bir desen oluşturmak için hamurun her yerini çatalla delin.

9 Hamuru streç filmle kapatıp buzdolabında 1 saat soğutun.

10 Fırının ortasında 30-40 dakika pişirin. Kahverengiye dönüyorsa üzerini folyolayın.

11 Fırından alıp bıçakla çizdiğiniz 8 dilimin üzerinden biraz daha bastırarak tekrar geçin.

12 Hâlâ sıcakken her tarafına eşit derecede ince bir tabaka toz şeker serpin.

13 Tamamen soğuyunca dikkatlice kalıbından çıkararak çizdiğiniz dilimler üzerinden kesin.

SAKLAMA Kurabiyeniz hava geçirmez bir kapta 5 gün dayanır.

Kurabiye çeşitleri

Amerikan Cevizli Kumlu Kurabiye

Bağımlılık yaratan bu kurabiyelere "kumlu" denmesinin nedeni lezzetleri değil, ince kum şeklindeki dokularıdır.

18–20 ADET | 15 DAKİKA | 15 DAKİKA

Soğutma süresi
30 dakika (gerekirse)

Malzemeler
100 gr tuzsuz tereyağı, yumuşatılmış
50 gr yumuşak, light esmer şeker
50 gr toz şeker
½ çay kaşığı vanilya esansı
1 yumurta sarısı
150 gr sade un, elenmiş. Ayrıca biraz da unlamak için.
75 gr Amerikan cevizi, doğranmış

Yapılışı

1 Fırınınızı önceden 180°C'de ısıtın. Tereyağını geniş bir kâsede şekerlerle karıştırıp açık renk ve kabarık olana kadar mikserle çırpın. Vanilya esansını, yumurta sarısını ekleyip iyice karıştırın. Önce unu sonra cevizleri ekleyin. Malzemeleri karıştırıp sert bir hamur yapın.

2 Hamuru hafifçe unlanmış bir yüzeye alıp yumuşak bir hamur elde etmek için yoğurun. Yuvarlayıp 20 cm uzunluğunda bir somun haline getirin. Eğer hamur kesmek için yumuşaksa buzdolabında sertleşmesi için 30 dakika bekletin.

3 Somundan 1'er cm'lik dilimler kesin ve içine parşömen serili iki fırın tepsisine, aralarında boşluk bırakarak dizin. Fırının üst kısmında kenarları hafif esmerleşene kadar 15 dakika pişirin. Birkaç dakika tepside bekletip tamamen soğumaları için ızgara teline alın.

SAKLAMA Kurabiyeleriniz hava geçirmez bir kapta 5 gün dayanır.

Çikolata Damlalı Kurabiyeler

Çikolata damlaları bu kurabiyeleri çocuklar için özel yapıyor.

14–16 ADET | 15 DAKİKA | 15–20 DAKİKA

Malzemeler
100 gr tuzsuz tereyağı, yumuşatılmış
75 gr toz şeker
100 gr sade un, elenmiş. Ayrıca biraz da unlamak için.
25 gr mısır unu, elenmiş
50 gr siyah çikolata damlaları

Yapılışı

1 Fırınınızı önceden 170°C'de ısıtın. Geniş bir kâsede tereyağı ve şekeri açık renk ve kabarık olana kadar mikserle çırpın. İçine unu, mısır ununu ve çikolata damlalarını ekleyip sert bir hamur haline getirin.

2 Hamuru hafifçe unlanmış bir yüzeye alıp yumuşayana kadar yoğurun. 6 cm çapında bir somun yapıp 5'er mm inceliğinde dilimler kesin. İki yapışmaz tabanlı fırın tepsisine aralıklı olarak dizin.

3 Fırının orta kısmında hafif kızarana kadar 15-20 dakika pişirin. Hamurlar çok fazla renk değiştirmemelidirler. Birkaç dakika tepsilerde bekletip tamamen soğumaları için ızgara teline alın.

SAKLAMA Kurabiyeleriniz hava geçirmez bir kapta 5 gün dayanır.

Ebrulu Milyoner Kurabiyesi

Bir modern klasik... Aşırı tatlı ve zengin, tam olması gerektiği gibi.

16 KARE | 45 DAKİKA | 35–40 DAKİKA

Özel gereçler
20 cm'lik kare kek kalıbı

Malzemeler
200 gr sade un
175 gr tuzsuz tereyağı, yumuşatılmış. Ayrıca biraz da yağlamak için.
100 gr toz şeker

Karamel dolgu için
50 gr tuzsuz tereyağı
50 gr light esmer şeker
400 gr konsantre süt

Çikolatalı süsleme için
200 gr sütlü çikolata
25 gr tuzsuz tereyağı
50 gr siyah çikolata

Yapılışı

1 Fırınınızı önceden 160°C'de ısıtın. Un, tereyağı ve şekeri bir kâseye koyup ekmek kırıntısı gibi olana dek ufalayın. Kalıbı yağlayıp parşömen döşeyin. Karışımı kalıba yayın, düzgün ve eşit olarak yerleşmesi için parmaklarınızla bastırarak şekil verin. Fırının orta kısmında 35-40 dakika, esmerleşene kadar pişirin. Kalıpta soğumaya bırakın.

2 Karameli için tereyağını ve şekeri ağır bir tencerede orta ateşte eritin. Konsantre sütü ekleyip karıştırarak kaynatın. Ateşi kısıp sürekli karıştırarak koyu karamel rengini alana dek 5 dakika kadar daha pişirmeye devam edin. Karameli soğumuş kurabiyelerin üzerine dökün ve soğumaya bırakın.

3 Çikolatalı süsü yapmak için sütlü çikolatayı tereyağıyla birlikte, kaynayan su dolu bir tencerenin üzerine yerleştirdiğiniz ısıya dayanıklı bir kapta eritin. Erirken karıştırarak pürüzsüz olmasını sağlayın. Aynı işlemi siyah çikolata ile başka bir kâsede tereyağsız olarak tekrar edin.

4 Sütlü çikolatayı donmuş karamelin üzerine dökün ve düzeltin. Sonra siyah çikolatayı zikzaklar çizerek döküp iki çikolatanın üzerinde bir şişi sürükleyerek ebrulu bir etki yaratın. Soğutun ve sertleşince kare dilimlere kesin.

SAKLAMA Kurabiyeniz hava geçirmez bir kapta 5 gün dayanır.

FIRINCIDAN İPUCU

Güzel bir Ebrulu Milyoner kurabiyesinin sırrı iyice donabilecek kıvamda bir karamel yapmaktan geçer, aksi takdirde kurabiyeler kesilirken karamel kenarlardan akacaktır. Çikolatalı süsleme de kolay kesilebilir olmalıdır. Tereyağı ilavesi çikolatayı yumuşatır, karameli koyulaşana kadar pişirmek mükemmel bir sonuç almanızı sağlar.

Tava Keki

Pekmezli parçalar enerji bombalarıdır ve evdeki dolabınızda bulunan birkaç malzemeyle yapılmaları çok kolaydır.

16-20 ADET | 15 DAKİKA | 40 DAKİKA

Özel gereçler
25 cm'lik kare kek kalıbı

Malzemeler
225 gr tereyağı. Ayrıca biraz da yağlamak için
225 gr light, yumuşak esmer şeker
2 yemek kaşığı şeker pekmezi
350 gr yulaf ezmesi

1 Fırınınızı önceden 150°C'de ısıtın. Kalıbın tabanını ve kenarlarını hafifçe yağlayın.

2 Tereyağı, şeker ve pekmezi büyük bir tencereye koyup orta ateşe oturtun.

3 Topaklanmayı önlemek için tahta bir kaşıkla sürekli karıştırın. Ateşten alın.

4 Yulafları ekleyip iyice kaplandıklarından emin olun ama karışımla çok fazla oynamayın.

5 Yulaflı karışımı tencereden alıp hazırlanmış kalıba kaşıkla aktarın.

6 Tahta kaşıkla bastırarak kabaca düzgün bir katman haline getirin.

7 Yüzeyini düzeltmek için sıcak suya batırılmış bir yemek kaşığının tersini kullanın.

8 Kızarana kadar 40 dakika pişirin, kalıbı fırının içinde çevirmeniz gerekebilir.

9 10 dakika soğumaya bırakın sonra bir bıçakla 16 kare veya 20 dikdörtgen parçaya kesin.

10 Kalıpta tamamen soğutun sonra kekleri kalıptan alın, bir balık servis bıçağı size yardımcı olacaktır.
STOKLAMA Hava geçirmez bir kapta 1 hafta dayanırlar.

Tava Keki çeşitleri

Kuru Üzümlü ve Fındıklı

Fındık ve kuru üzüm bu tarifi sakız gibi ve sağlıklı bir ziyafet haline çeviriyor.

16–20 ADET | 15 DAKİKA | 30 DAKİKA | 4 HAFTA KADAR

Özel gereçler
20 x 25 cm'lik brownie kalıbı veya benzeri

Malzemeler
225 gr tuzsuz tereyağı. Ayrıca biraz da yağlamak için
225 gr yumuşak light esmer şeker
2 yemek kaşığı şeker pekmezi
350 gr yulaf ezmesi
75 gr doğranmış fındık
50 gr kuru üzüm

Yapılışı

1 Fırınınızı önceden 160°C'de ısıtın. Kalıbın tabanı ve kenarlarını yağlayıp parşömen döşeyin. Tereyağı, şeker ve pekmezi ağır bir tencerede kısık ateşte tereyağı eriyene kadar ısıtın. Tencereyi ateşten alıp içine yulaf ezmesi, fındık ve üzümleri ekleyin.

2 Karışımı hazırlanmış kalıba aktarın ve iyice bastırarak yerleştirin. Fırının orta kısmında kenarlarından hafifçe kararmaya ve altın rengi almaya başlayana dek 30 dakika kadar pişirin.

3 Kalıpta 5 dakika beklettikten sonra keskin bir bıçakla karelere bölün. Bir balık servis bıçağıyla tabağa almadan önce kalıpta tamamen soğumasını bekleyin.

SAKLAMA Hava geçirmez bir kapta 1 hafta dayanır.

FIRINCIDAN İPUCU

Kuruyemiş ve kuru üzüm bu tarifi daha sağlıklı yapmaktadır ve Yulaflı Kurabiyeler bölümünde yer alan tariflerdeki gibi (bkz. s. 140-142) bir avuç kabak veya ay çekirdeği ekleyebilirsiniz. Bu malzemeler sağlıklı olmalarına rağmen tava kekinde bulunan tereyağı oranı bunlarla birleştiğinde tarif çok yağlı olabilir.

Kirazlı

Bu tarifte daha sık kullanılan çekirdekli-çekirdeksiz kuru üzüm yerine daha alışılmadık bir alternatif olan kuru kiraz ve kuru üzüm kullanın. ➤

18 ADET | 15 DAKİKA | 25 DAKİKA

Soğutma süresi
10 dakika

Özel gereçler
20 cm kare kek kalıbı

Malzemeler
150 gr tuzsuz tereyağı. Ayrıca biraz da yağlamak için
75 gr yumuşak, light esmer şeker
2 yemek kaşığı şeker pekmezi
350 gr yulaf ezmesi
125 gr kiraz şekerlemesi, dörde bölünmüş veya 75 gr kurutulmuş kiraz, iri doğranmış
50 gr kuru üzüm
100 gr beyaz veya sütlü çikolata, parçalara ayrılmış, üzerine serpmek için

Yapılışı

1 Fırınınızı önceden 180°C'de ısıtın. Kek kalıbını hafifçe yağlayın. Tereyağı, şeker ve pekmezi orta büyüklükte bir tencereye koyup kısık ateşte eriyene kadar ısıtın. Ateşten alıp yulafı, kirazları ve kuru üzümleri ekleyin ve iyice karıştırın.

2 Hazırlanmış kalıba aktarın ve elinizle bastırın. Fırının üst kısmında 25 dakika pişirin. Fırından alıp kalıpta biraz beklettikten sonra bıçakla 18 parçaya kesin.

3 Kekler soğuyunca çikolatayı kaynayan su dolu bir tencerenin üzerine yerleştireceğiniz ısıya dayanıklı küçük bir kâseye alın. Kâsenin tabanının suya değmemesine dikkat edin, çikolatayı erimeye bırakın. Erimiş çikolatayı bir çay kaşığı kullanarak keklerin üzerine gezdirin. 10 dakika veya çikolata donana dek bekleyin. Kekleri kalıptan bir balık servis bıçağıyla alın.

SAKLAMA Hava geçirmez bir kapta 1 hafta dayanır.

Pekmezli Hurmalı

Bu tarifte hurmalar, keklere şekerleme gibi bir tat ve harika bir ıslaklık vermektedir.

16 ADET | 25 DAKİKA | 40 DAKİKA

Özel gereçler
20 cm'lik kare kek kalıbı

Malzemeler
200 gr çekirdekleri çıkarılmış hurma, doğranmış
½ çay kaşığı karbonat
200 gr tuzsuz tereyağı
200 gr light, yumuşak esmer şeker
2 yemek kaşığı şeker pekmezi
300 gr yulaf ezmesi

Yapılışı

1 Fırınınızı önceden 160°C'de ısıtın. Kalıba parşömen döşeyin. Hurmaları ve karbonatı üzerini geçecek kadar suyla bir tencerede 5 dakika kaynatın, süzün ve bu suyu saklayın. 3 yemek kaşığı pişirme suyuyla blendır'da bir püre yapın. Bir kenara ayırın.

2 Tereyağı, şeker ve şurubu büyük bir tencerede karıştırarak eritin. Yulafı ekleyip karışımın yarısını kalıba yerleştirin.

3 Hurma püresini yulafın üzerine yayıp kalan yulaflı karışımı da en üste yerleştirin. Esmerleşene kadar 40 dakika pişirin. Kalıpta 10 dakika beklettikten sonra bir bıçakla 16 parçaya kesin. Kalıpta tamamen soğuduktan sonra bir balık servis bıçağıyla tabağa alın.

SAKLAMA Hava geçirmez bir kapta 1 hafta dayanır.

Çikolatalı ve Fındıklı Brownie

Klasik bir Amerikan tarifi olan bu brownie'lerin ortaları ıslak ve pelte gibi, üstleri ise gevrektir.

24 ADET | 25 DAKİKA | 12–15 DAKİKA

Özel Gereçler
23 x 30 cm'lik brownie kalıbı veya benzeri

Malzemeler
- 100 gr fındık
- 175 gr tuzsuz tereyağı, doğranmış
- 300 gr kaliteli siyah çikolata, parçalara ayrılmış
- 300 gr toz şeker
- 4 büyük yumurta, çırpılmış
- 200 gr sade un
- 25 gr toz kakao. Ayrıca biraz da üzerine serpmek için.

1 Fırınınızı önceden 200°C'de ısıtın. Fındıkları bir fırın tepsisine alın.

2 Fındıkları fırında 5 dakika kavurun ama yanmamalarına dikkat edin.

3 Fırından alıp bir kurulama bezinden ovalayarak iç kabuklarını çıkarın.

4 Kabaca kıyın – bazıları küçük bazıları büyük olsun. Kenara ayırın.

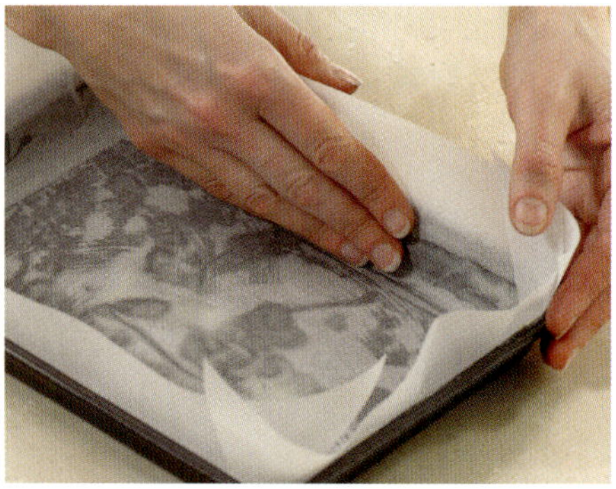

5 Kalıbın tabanı ve kenarlarını parşömenle kaplayın. Kâğıdın bir kısmı kenarlardan sarksın.

6 Tereyağı ve çikolatayı kaynayan su dolu bir tencere üzerine ısıya dayanıklı bir kâseye koyun.

7 Tereyağı ve çikolatayı eritin, pürüzsüz olması için karıştırın. Ateşten alıp soğumaya bırakın.

8 Karışım soğuyunca şekeri ekleyip iyice yedirin.

9 Teker teker ve aralarda iyice karıştırarak yumurtaları ekleyin.

10 Unu ve kakaoyu eleyin, eleği yukarıda tutarak havalanmalarını sağlayın.

11 Unu ve kakaoyu hamura ekleyip hiç topak kalmayacak şekilde karıştırın.

12 Doğranmış fındıkları hamura dağılacakları şekilde karıştırın; hamur sertleşmelidir.

13 Hazırlanmış kalıba alın ve köşelere kadar yerleştirin. Üzerini düzeltin.

14 Üzeri sert ama içi hâlâ yumuşak kalacak kadar, 12-15 dakika pişirin.

15 İçine batırılan bir şiş biraz hamurla kaplanmış şekilde çıkmalıdır. Ateşten alın.

16 Ortasının yumuşak kalabilmesi için brownie'yi kalıpta soğutun.

17 Sağlam tutabilmek için kenarından sarkan kâğıtlarla birlikte kaldırın.

18 Uzun, keskin, tırtıklı bir bıçakla 24 eşit parça halinde çizin.

19 Biraz su kaynatıp sığ bir kâseye dökün. Kâseyi elinizin altında tutun.

20 Kesme işlemi sırasında bıçağı silerek ve sıcak suya batırarak brownie'yi 24'e bölün.

21 Üzerine toz kakao serpin. **SAKLAMA** Hava geçirmez bir kapta 3 gün duracaktır.

Vişneli ve Çikolatalı Brownie

Kurutulmuş vişnelerin keskin tadıyla yapışkan dokusu bu tarifte zengin, siyah çikolata ile birleşerek harika bir zıtlık yaratıyor.

16 ADET | 15 DAKİKA | 20-25 DAKİKA

Özel gereçler
20 x 25 cm'lik brownie kalıbı veya benzeri

Malzemeler
150 gr tuzsuz tereyağı, doğranmış. Ayrıca .biraz da yağlamak için
150 gr kaliteli sütsüz çikolata, parçalara ayrılmış
250 gr yumuşak, light esmer ham şeker
150 gr kendi kabaran un, elenmiş
3 yumurta
1 çay kaşığı vanilya esansı
100 gr kurutulmuş vişne
100 gr siyah çikolata parçaları

Yapılışı

1 Fırınınızı önceden 180°C'de ısıtın. Brownie kalıbını yağlayıp parşömenle kaplayın. Tereyağı ve çikolatayı az miktarda kaynayan su dolu bir tencere üzerine yerleştirilmiş ısıya dayanıklı bir kâsede eritin. Ateşten alıp şekeri ekleyip iyice karıştırın. Hafifçe ılıtın.

2 Yumurtalar ve vanilya esansını çikolatalı karışıma ekleyin. Islak karışımı elenmiş unun içine katıp aşırıya kaçmadan hafifçe karıştırın. Vişnelerle çikolata parçalarını da ekleyin.

3 Brownie karışımını kalıba döküp fırının orta kısmında 20-25 dakika pişirin. Kenarları sertleştiği ama ortası yumuşak kaldığında pişmiş demektir.

4 Brownie'yi 5 dakika kalıpta soğutun. Çıkarıp kareler halinde kestikten sonra ızgara teline alıp tamamen soğutun.

SAKLAMA Brownie'ler hava geçirmez bir kapta 3 gün dayanır.

FIRINCIDAN İPUCU
Brownie'nin dokusu kişisel bir zevk meselesidir. Bazıları dağılacak kadar delikli severken bazıları da daha sert bir kekten hoşlanırlar. Eğer ıslak brownie seviyorsanız pişirme süresini biraz azaltmalısınız.

Cevizli ve Beyaz Çikolatalı Brownie

Ortası biraz yumuşak bu brownie çekici bir ikindi çayı ikramı.

16 ADET | 10 DAKİKA | 1 SAAT 15 DAKİKA

Özel gereçler
20 cm'lik derin kare kalıp

Malzemeler
25 gr tuzsuz tereyağı, doğranmış. Ayrıca biraz da yağlamak için
50 gr kaliteli siyah çikolata, parçalara ayrılmış
3 yumurta
1 yemek kaşığı süzme bal
225 gr yumuşak, light esmer şeker
75 gr kendi kabaran un
175 gr ceviz parçaları
25 gr beyaz çikolata, doğranmış

Yapılışı

1 Fırınınızı önceden 160°C'de ısıtın. Kalıbı yağlayın veya tabanı ile kenarlarını parşömenle kaplayın.

2 Sütsüz çikolata ve tereyağını kaynayan su dolu bir tencerenin üzerine yerleştirilmiş bir kâsede eritin. Kâsenin suya değmemesine dikkat edin. Kâseyi tencerenin üzerinden alıp, hafifçe soğuması için bir kenarda bekletin.

3 Yumurta, bal ve esmer şekeri çırpın, sonra erimiş çikolatalı karışıma ekleyin. Unu üzerine eleyin, ceviz ve beyaz çikolata parçalarını ekleyip yavaşça karıştırın. Karışımı hazırlanmış kalıba dökün.

4 Kalıbı fırına koyup 30 dakika pişirin. Folyoyla kapatın ve 45 dakika daha pişirin. Ortası hafif yumuşak kalmalıdır. Izgara tel üzerinde kalıbın içinde soğumaya bırakın. Soğuyunca bir tahtaya alıp kare şeklinde kesin.

SAKLAMA Brownie'ler hava geçirmez bir kapta 5 gün duracaktır.

Beyaz Çikolatalı Macadamia Fındıklı Sarışın

Meşhur brownie'nin beyaz çikolatalı versiyonu.

24 ADET | 15 DAKİKA | 20 DAKİKA

Özel gereçler
20 x 25 cm'lik brownie kalıbı veya benzeri

Malzemeler
300 gr beyaz çikolata, parçalara ayrılmış
175 gr tuzsuz tereyağı, doğranmış
300 gr toz şeker
4 büyük yumurta
225 gr sade un
100 gr Macadamia fındığı

Yapılışı

1 Fırınınızı önceden 200°C'de ısıtın. Kalıbın tabanı ve kenarlarını parşömenle kaplayın. Kaynayan su dolu bir tencerenin üzerine yerleştirilmiş bir kâsede tereyağı ve çikolatayı eritin. Pürüzsüz olması için ara sıra karıştırın. Kâsenin suya değmemesine dikkat edin. Ateşten alıp 20 dakika soğutun.

2 Çikolata eridikten sonra şekeri ekleyin (karışım koyu ve pütürlü olabilir ama yumurtalar gevşetecektir). Balon şeklinde bir çırpıcı ile yumurtaları teker teker aralarda iyice karıştırarak ilave edin. Birini kırmadan diğerinin eridiğinden emin olmalısınız. Unu eleyip yavaşça karıştırın ve sonra fındıkları ekleyin.

3 Karışımı kalıba döküp köşelere doğru yayın. 20 dakika veya üstü sertleşip altı yumuşak kıvamda olana kadar pişirin. Kalıpta bırakıp soğutun sonra 24 kare veya daha büyük porsiyonlar isterseniz daha az sayıda dikdörtgen olarak kesin.

SAKLAMA Hava geçirmez bir kapta 5 gün dayanır.

Dizin

Koyu ile yazılmış sayfa numaraları-tariflerin veya tekniklerin adım adım resimlerini göstermektedir. *İtalik* yazılmış sayfa numaraları Fırıncıdan İpuçları'nı gösterir.

DİZİN

N

Ö

P

R

S

Ş

T

Yazar hakkında

Uzun yıllar uluslararası modellik yapan Caroline Bretherton 1996'da Manna Food adlı şirketini kurarak kendisini yemek tutkusuna adamıştır. Yaptığı taze, hafif ve şık yemekler çok kısa bir sürede, aralarında ünlülerin, sanat galerilerinin, tiyatroların, moda dergilerinin yanı sıra üst düzey şirketlerin de bulunduğu bir müşteri portföyüne sahip olmasını sağlamıştır. Bir süre sonra Londra'da Nothing Hill'in tam kalbindeki Portobello Road'da tüm gün servis veren bir restoran açarak faaliyet alanını genişletmiştir.
Yazar aynı zamanda yıllardır ulusal ve uluslararası yayın yapan televizyon kanallarındaki yemek programlarına konuk olmaktadır.

Caroline kısa bir süre önce *The Times*'ın cumartesi ekinde düzenli köşe yazıları yazmaya başlamıştır.
The Allotment Cookbook kitabının yazarı, boş vakitlerinde Londra'daki evinin yakınında bulunan bahçesindeki meyve, sebze ve otlarla ilgilenmektedir. Zaman buldukça şehirde ve kırsalda yabani gıdalar hakkındaki araştırmalarını sürdürmektedir. Bir akademisyen olan Luke ile evlidir ve bu kitaptaki tarifleri denemekten son derece mutlu olan Gabriel ve Isaac adında iki oğlu vardır.

Teşekkür

Yazardan teşekkür
Dorling Kindersley'den Mary-Clare, Dawn ve Alastair'e, bu devasa işin altından kalkabilmesi için gösterdikleri yardım ve destek; ayrıca Borra Garson ve Deborah McKenna'ya da kendi adına yaptıkları tüm işler için… ve son olarak büyük destekleri ve iştahları için ailesine ve tüm dostlarına teşekkürü bir borç bilir!

Dorling Kindersley'den teşekkür
Fotoğraf çekimlerindeki emekleri için:

Sanat Yönetmenleri
Nicky Collings, Miranda Harvey, Luis Peral, Lisa Pettibone

Sahne Donanımı Stilisti
Wei Tang

Yiyecek Stilistleri
Kate Blinman, Lauren Owen, Denise Smart

Ev Ekonomisi Asistanı
Emily Jonzen

Adım adım fotoğraflarda kullanılan pişirme ekipmanlarını Lakeland sağlamıştır. Tüm pişirme gereçleriniz için www.lakeland.co.uk ile temasa geçebilir veya 015394 88100'den sipariş verebilirsiniz.

Sanat yönetmeni ve tanıtım fotoğraflarının tasarımcısı Caroline de Souza'dır.

Editoryal yardım için Dorothy Kikon'a ve tasarım yardımı için Anamica Roy'a.

Redaksiyon için Jane Ellis'e ve dizin için Susan Bosanko'ya teşekkürler.

ABD baskısında emeği geçen aşağıdaki kişilere teşekkürler:

Danışman
Kate Curnes

Amerika uyarlamaları
Nichole Morford ve Jenny Siklós

Ayrıca rötuşlar için Steve Crozier'e de teşekkürler.